POLYGLOTT on tour

Mauritius Réunion

Die Autorin

Anja Bech

lebte fünf Jahre auf La Réunion sowie zwei Jahre in Südafrika und bereiste von dort die Inseln des Indischen Ozeans, die sie bis heute begeistern. Seit 17 Jahren verfasst sie Reiseführer und andere Texte über Mauritius, La Réunion, die Seychellen und die Malediven. Nicht nur wegen ihrer Arbeit kehrt sie alljährlich dorthin zurück, inzwischen oft zusammen mit ihren Kindern, mit denen sie die Faszination dieser Inselwelt neu erlebt.

REISEPLANUNG

LAND & LEUTE

TOP-TOUREN

Erst-! klassig

Tamarin Bay
auf Mauritius

REISE-PLANUNG

Die Reiseregionen im Überblick

Mauritius, Rodrigues, La Réunion – mit diesen Namen verbinden sich Exotik, Palmen, blütenweiße Strände, blaues Meer, faszinierende Berglandschaften und Abenteuer. Die drei Inseln im Indischen Ozean, dem wärmsten der Weltmeere, erfüllen mit ihren herrlichen Küstenabschnitten, den türkisfarbenen Lagunen, einer schroffen Bergwelt und dem ganzjährig warmen Klima die Urlaubsträume unterkühlter Nord- und Mitteleuropäer. Alle drei Inseln wurden aus Feuer geboren und von den Wellen geschliffen – über die Jahrhunderte haben sich die rauen Eilande besänftigt und sind ihren eigenen Weg gegangen. Benannt wurde die Inselgruppe der Maskarenen nach dem portugiesischen Seefahrer Pedro de Mascarenhas, der 1505 die Insel Bourbon (das heutige La Réunion) entdeckte. 1511 wurde Mauritius entdeckt; der portugiesische Kapitän Diego Rodriguez gab Rodrigues 1528 seinen Namen. Alle drei Inseln gelten als Gipfelmassive einer unter der Meeresoberfläche liegenden Vulkankette. Die Tätigkeit der Feuer speienden Berge erlosch vor rund 1 Mio. Jahren – allein auf Réunion ist noch ein Vulkan aktiv, auf Mauritius ragen die Schlote ehemaliger Krater bizarr in den Himmel. Durch Erosion flachte die Landfläche kontinuierlich ab; um sie herum bildeten sich Korallenriffe, die heute Rodrigues vollkommen, Mauritius fast vollständig und Réunion im Westen schützend umgeben. Am Horizont schimmert das Riff wie eine Perlenkette, wenn sich dort vor dem Hintergrund des endlosen Ozeans die Wellen brechen; es beheimatet eine faszinierende Unterwasserwelt.

In kultureller Hinsicht lassen sich viele Ähnlichkeiten finden, da alle Inseln der Maskarenen durch jahrhundertelange französische, aber auch britische Einflüsse und durch das Völkergemisch aus Afrika, Asien und Europa geprägt wurden. Dennoch hat sich jede Insel ihre Besonderheiten bewahrt.

Mauritius – leuchtende Saris, tiefblaue Lagunen

Die Insel Mauritius bietet viel mehr als weiße Sandstrände und luxuriöse Hotelanlagen unter Palmen. Den Besucher erwarten freundliche Menschen aller Hautfarben, bunte Tempelanlagen, belebte Geschäftszentren mit tollen Einkaufsmöglichkeiten, eine kontrastreiche Landschaft, ruhige Fischerorte, interessante Gärten und Parks sowie weitläufige Zuckerrohrfelder, aus denen nur gelegentlich der Schornstein einer alten Zuckerraffinerie herausragt. Flache Ebenen im **Norden und Osten** sowie markante Bergketten im **Süden und Westen** dominieren die Landschaft. Der steile, auf einer geschützten Halbinsel gelegene Morne Brabant bestimmt die Silhouette im Südwesten, er zählt zum UNESCO-Weltkulturerbe. Auf seinen flachen Gipfel flüchteten sich früher entlaufene Sklaven, denn schon immer war der Süden

Der Morne Brabant liegt an der Südwestküste von Mauritius

der unzugänglichste Teil der Insel. Reste der natürlichen Inselvegetation finden sich an der Rivière Noire, die das Plateau durchschneidet.

Im Norden lassen sich kleinere Sandbuchten erkunden, immer mit Blick auf die vorgelagerten Inseln Coin de Mire, Ile Plate, Ile Ronde und Ile aux Serpents am Horizont. An den Küsten im Westen und Osten reiht sich ein langer Sandstrand an den nächsten. Das Riff schützt die meisten Strände von Mauritius, es weist allerdings im Westen und Süden Lücken auf – dort brechen sich die Wellen ungeschützt an der Lavaküste und schaffen eine raue, wilde Küstenlandschaft. Exklusive und schöne Hotels mit neuester Ausstattung befinden sich an allen Küstenabschnitten. Von Bettenburgen kann allerdings keine Rede sein, denn Gebäude außerhalb der modernen Hauptstadt Port Louis dürfen eine Palme nicht überragen.

Auf Mauritius gibt es überall viel zu entdecken, sei es entlang der belebten Straßen oder in den verstreuten Ortschaften und Städten an der Küste und im Inselinneren. Hier beeindrucken prächtige Tempel und Kirchen, quirlige Metropolen voller Geschäfte, bunte, duftende Märkte, spannende Museen und Relikte der kreolischen Prunkarchitektur.

Rodrigues – einsam im Ozean

Abgeschieden und ruhig liegt die zur Republik Mauritius gehörende Insel Rodrigues mit ihrer kleinen Inselhauptstadt Port Mathurin 560 km nordöstlich der größeren Schwester im Ozean. Die kleinste und älteste der Vulkaninseln des Archipels wird bestimmt von kargen Hügeln, savannenartigen Landstrichen, fruchtbaren Weiden und sattgrünen Tälern. 55 km lang und 30 km breit, ragt sie aus einer großen, flachen Lagune empor, die in allen Blauschattierungen glitzert. Das die Lagune umgebende Korallenriff ist über 90 km lang, ihre Wasseroberfläche mit 104 km^2 fast ebenso groß wie die Landfläche der Insel (109 km^2). In der Inselmitte erhebt sich ein Zentralplateau mit bis zu 398 m hohen Bergen, zur Küste hin fällt das Land sanft auf bewaldeten Hängen ab. Tiefe Flusstäler haben sich in das Relief gegraben und es eröffnen sich immer wieder spektakuläre Panoramablicke aufs Meer. Die Menschen Rodrigues' sind meist afrikanischen Ursprungs; sie leben vom Fischfang, der Landwirtschaft und dem Tourismus. Ein paar Ortschaften liegen verstreut entlang der Küste und in den Hügeln, einsame Strände können auf Wanderwegen über Felder oder per Mountainbike erreicht werden. Zum Baden ist das Wasser in der riesigen Lagune meistens zu flach, an der Pointe Coton im Osten lässt es sich am besten schwimmen. Um die Hauptinsel verstreut liegen in der Lagune 17 Inselchen aus Sand und Korallen, auf denen Vogelkolonien nisten. Insbesondere Naturfreunde werden sich auf dem abgelegenen Eiland wohl fühlen.

La Réunion – wilde Natur und Vulkanausbrüche

La Réunion, das kleine Fleckchen Frankreich im Indischen Ozean, trägt nicht umsonst den Namen »Insel der tausend Gesichter«. Die kreolische Kultur ist hier allgegenwärtig, stark beeinflusst vom modernen Frankreich – der Lebensstandard liegt hier deutlich über demjenigen von Mauritius. So abwechslungsreich wie die multiethnische Bevölkerung, so vielfältig ist auch die einzigartige Landschaft. Das 3069 m hohe Massiv des Piton des Neiges überragt die Inselmitte und ist von tiefen Tälern und weiten Bergzügen umgeben. Wegen seiner landschaftlichen Schönheit wurden große Teile des Inselinneren im März 2007 zum neunten Nationalpark Frankreichs ernannt. Im Juli 2010 nahm die Unesco die zerklüftete Berglandschaft von La Réunion in die Liste der Weltnaturerbe-Stätten auf. So zieht Réunion Jahr für Jahr nicht nur Badeurlauber, sondern auch Wanderer, Mountainbiker, Gleitschirmflieger, Windsurfer und andere Abenteurer oder Anhänger von Extremsportarten an. Besucher der Insel finden eine atemberaubende Vulkanlandschaft vor, deren Abhänge fast überall von tropischem Gewächs überwuchert sind.

Sie kann zu Fuß, mit dem Wagen oder – per Helikopter oder Kleinflugzeug – auch aus der Luft erkundet werden. Das zerklüftete Inselinnere, die vielen fast unzugänglichen Täler und die karge Mondlandschaft rund um den aktiven Vulkan Piton de la Fournaise faszinieren die Besucher. Der **Norden** der Insel mit der Hauptstadt Saint-Denis und ihren Nachbarstädten ist Geschäfts-, Bildungs- und Verwaltungszentrum der Insel. An der **Ostküste** gedeihen Früchte, Vanille und Gemüse in feuchttropischem Klima. Hinge-

Der Cirque de Cilaos mit dem Piton des Neiges

gen scheint an der **Westküste** fast immer die Sonne; hier finden sich neben Badestränden savannenartige Landstriche, die nur durch Bewässerung fruchtbar gemacht werden können. Der **Süden** ist ursprünglich und wenig bevölkert, bricht der Vulkan doch regelmäßig aus – so auch 2007, als die Lava über die Küstenstraße hinweg ins Meer floss und der kleinen Insel wieder einmal etwas Land hinzufügte. 2008, 2009 und 2010 gab es weitere Ausbrüche.

Von keinem Punkt Réunions ist es weit in die kühlen Berge, die unmittelbar von der Küste aus steil ansteigen. Hier im Inneren liegen die wahren Schätze der Insel verborgen: die drei Cirques, gewaltige Talkessel, die das Herz der Insel bilden und unendliche Wandermöglichkeiten bieten. Von den Graten der sie umschließenden steilen Bergwände eröffnen sich vor allem morgens, bevor Wolken und Nebel aufziehen, spektakuläre Blicke in die dünn besiedelte Inselmitte. Stichstraßen führen von der Küste hinein in diese Welt und hinauf zu den Aussichtspunkten, an denen meistens auch wunderschöne Wanderwege beginnen. Die Kraft und Gewalt der Natur ist auf La Réunion an jeder Ecke zu spüren.

SEITENBLICK

Inseln der Schiffbrüche und Schätze

Scharfe Riffkanten, versteckte Passagen und unberechenbare Stürme haben dazu geführt, dass viele Segler im 17. Jh. nie einen schützenden Inselhafen erreichten. Schatzsucher halten noch heute auf dem tiefen Meeresboden jenseits der Korallenbarrieren Ausschau nach Gold und Edelsteinen. Unzählige Wracks bieten herrliche Tauchgründe.

Extra-Touren

Tour 1 Sonnenauf- und -untergänge, Baden und Kultur – rund um Mauritius

Tour-Übersicht:

Grand Baie/Péreybère › Trou aux Biches › Port Louis › Tamarin › Le Morne › Riambel › Mahébourg › Domaine de l'Anse Jonchée › Trou d'Eau Douce › Ile aux Cerfs › Belle Mare Plage

Dauer:

Die reine Fahrzeit beträgt 1 Tag; für die Erkundung der einzelnen Stationen sollte man jedoch mindestens 1 Woche veranschlagen.

Verkehrsmittel:

Für Tagesrundfahrten empfiehlt es sich, ein Taxi bzw. einen Wagen mit Fahrer zu mieten, da die Beschilderung oft spärlich und die Verkehrsverhältnisse gewöhnungsbedürftig sind. Selbstfahrer benötigen mehr Zeit und eine gute Inselkarte. Wer mit öffentlichen Bussen unterwegs ist, sollte wegen der häufigen Stopps und unvermeidlichen Wartezeiten mindestens 10 Tage einplanen. Zwischen Trou d'Eau Douce und Belle Mare Plage sowie auf der Stichstraße zum Strand des Morne Brabant verkehren keine öffentlichen Busse.

Die Strecke folgt zunächst der Küste in Richtung Süden und passiert bei Mon Choisy einen beliebten öffentlichen Strand. Bei **Trou aux Biches** › S. 75 führt die Straße an Strandhotels vorbei und gestattet nur gelegentlich einen Blick aufs Meer, bevor sie landeinwärts in Richtung **Port Louis** › S. 71 abbiegt. Die Inselhauptstadt verdient einen längeren Besuch; vor allem am Morgen herrscht buntes Treiben auf dem Wochenmarkt und in den umliegenden Straßen des Stadtzentrums. An der **Caudan Waterfront** › S. 72 kann man bummeln und mit Blick auf den Hafen einkehren.

Die Route führt weiter nach Süden durch weite Zuckerrohrfelder, von denen man immer wieder Blicke auf die Küste erhascht, vorbei an Abzweigungen zu Küstenorten sowie zum **Casela Nature & Leisure Park** › S. 96, in dem neben anderen Tierarten auch Tausende Vögel zu bewundern sind. In der Ortschaft **Tamarin** › S. 94, an einer Flussmündung gelegen, trifft die Straße erneut auf die Küste. Wer mag, kann ein Bad in den Wellen nehmen, die hier durch einen Bruch in der Korallenbarriere aufs Land zurollen. Am südlichen Ende der Ortschaft fährt man an den letzten Salinen der Insel vorbei, in denen noch auf traditionelle Weise Meersalz gewonnen wird. In der Fer-

Traumstrand auf der Ile aux Cerfs

ne erhebt sich schon auf einer Halbinsel die markante Silhouette des ****Le Morne Brabant** › S. 93. Kurz vor Erreichen seiner steilen Flanken führt eine Stichstraße zum Weststrand der Halbinsel mit einigen Luxushotels. Die Küstenstraße wird nun schmaler und weniger befahren. Sie windet sich an der oft noch naturbelassenen Küste entlang, vorbei an schwarzen Klippen, unbebauten Sandbuchten und durch kleine Fischerorte. Eine holprige Straße führt landeinwärts zu den beeindruckenden Wasserfällen ***Rochester Falls** › S. 88. Bei Riambel befinden sich ein paar Hotels, ansonsten gibt es hier mangels Badestränden kaum Unterkünfte. Zwischen Souillac und Mahébourg führen immer wieder kleine Stichstraßen von der Hauptstrecke zum Meer, z. B. nach **Le Souffleur**, wo die Wellen das Wasser durch einen schmalen Kanal pressen und hochspritzen lassen.

Der beschilderte **La Vanille Réserve des Mascareignes** › S. 92 lässt sich auf einem spannenden Rundgang erkunden und bietet Einblicke in die dichte Vegetation dieser Region, in der auch Vanillepflanzen gedeihen. **Mahébourg** › S. 90 ist eine traditionelle kreolische Stadt mit bunten Läden, brummenden Bussen und einfachen Snackbars. Hinter dem Busbahnhof eröffnet sich ein wunderschöner Blick auf die blaue Lagune sowie die im Norden gelegenen Berge. Die gewundene Straße nach Norden folgt nun der felsigen Küste mit ihren vielen Flussmündungen und Mangrovenwäldchen; oft blickt man auf kleinere vorgelagerte Inseln, die allesamt unbewohnt sind.

In einem Seitental bei Anse Jonchée versteckt sich **Kestrel Valley** › S. 84, ein großes Privatgebiet, in dem Javahirsche, Mauritius-Turmfalken und Wildschweine in den weiten Primärwäldern leben. Im kleinen Küstenort **Trou d'Eau Douce** › S. 83 starten die Bootsausflüge auf die ****Ile aux Cerfs** › S. 84, die für ihre herrlichen Strände und den Hotelgolfplatz bekannt ist. Nach Norden führt die Straße weiter zum Bilderbuchstrand von Belle Mare › S. 82, an dem wunderschöne Hotelanlagen, zwei der besten Golfplätze der Insel und einige Einkehrmöglichkeiten liegen. **Erst-! klassig**

Tour 2 Zwei Wochen Mauritius und Rodrigues für Entdecker

Tour-Übersicht:

Mahébourg › Le Val › Cap Gris Gris › Le Morne Brabant › Tamarin › Flic en Flac › Port Louis › Mahébourg › Plaine Corail › Caverne Patate › Port Mathurin › Pointe Coton › Anse Mourouk

Dauer:

Mauritius: ca. 9 Tage; **Rodrigues:** ca. 5 Tage.

Verkehrsmittel:

Für die Fahrten auf Mauritius empfiehlt es sich, ein Taxi bzw. einen Wagen mit Fahrer zu mieten, da die Strecke durch kleine Orte führt und Beschilderungen weitgehend fehlen. Selbstfahrer benötigen eine gute Inselkarte. Diese Rundreise ist mit öffentlichen Verkehrsmitteln nicht möglich. Die Flüge (ca. 90 Min.) zwischen den Inseln müssen rechtzeitig im Voraus gebucht werden, da die Kapazitäten begrenzt sind. Für Abenteuerlustige bietet sich auch ein Schiffstransfer an (28–30 Std. einfache Fahrt).

Die Kombination der zwei mauritischen Inseln zeigt deren Vielseitigkeit auf. Auf Mauritius wird vor allem der Süden erkundet, in dem noch einige der ursprünglichen Wälder beheimatet sind. Vom ehemaligen Kolonialstädtchen **Mahébourg** › S. 90 führt die Route zum **Naturpark Le Val** › S. 91, wo man spazieren gehen und fischen kann. Von dort geht es über Nouvelle France, La Flora und Rivière des Anguilles in Richtung Südküste. Die Straße führt durch landwirtschaftlich geprägte Ortschaften; ein Abstecher zu den Teefeldern und der Teefabrik von **Bois Chéri** ist lohnenswert. Bei Souillac erreicht man die raue Südküste und folgt dieser wie in Tour 1 beschrieben bis zum ****Morne Brabant** › S. 93, einem Strandparadies. Weiter geht es nach Norden durch Ortschaften, an deren Rändern moderne Wohngebiete und Supermärkte entstanden. Vor der Flussmündung der **Rivière Noire** › S. 95 finden Hochseefischer ein Gebiet mit vielen Großfischen vor. Hinter **Tamarin** › S. 94 verläuft die Straße im Landesinneren. Ein Abstecher an die Küste in den beliebten Badeort **Flic en Flac** › S. 95 ist empfehlenswert, bevor man der Hauptstadt **Port Louis** › S. 71 einen Besuch abstattet und von dort aus etwa 40 km über die Autobahn zurück zum Flughafen fährt.

Auf Rodrigues startet die Tour am Flughafen auf der Plaine Corail, wo man sich am besten von einem Reiseveranstalter abholen lässt. Nicht weit von hier liegt die Höhle ***Caverne Patate** › S. 100 mit ihren beeindruckenden Tropfsteinformationen. Vom Flughafen fährt man über La Fouche und La

Ferme an die Nordküste und weiter durch kleine Ortschaften bis in die Hauptstadt **Port Mathurin** › S. 101, die man am besten bei einem kleinen Rundgang erkundet. Von hier führt die kurvige Straße ins hügelige Hinterland über Le Choux, Mont Lubin und Grand Montagne bis zur **Pointe Coton** › S. 106, dem östlichsten Zipfel der Insel mit Hotel und schönem Badestrand. Auf der gleichen Straße geht es zurück; hinter der Ortschaft Grand Montagne zweigt die Straße nach links in Richtung Latannier ab. Ein Abstecher führt in den kleinen Ort **Saint Gabriel**, wo eine große Kirche bezeugt, dass die Rodriguais zu 85 % gläubige Katholiken sind.

Weiter geht es nach Süden auf einer kurvigen Straße nach Port Sud-Est. Der Fotoapparat sollte bereit liegen, denn die Aussicht auf die Küste mit ihrer Lagune und der sich tiefblau abzeichnenden Fahrtrinne La Passe ist aus jeder der 52 Haarnadelkurven atemberaubend. Einige Kilometer östlich liegt Pâté Reyneux an der schönen Bucht **Anse Mourouk** › S. 105, die dem hier angesiedelten Hotel seinen Namen gab. Auf dem gleichen Weg geht es zurück nach Port Sud-Est und nun immer weiter die Südküste entlang bis nach Petite Butte und von hier via La Fouche mit schöner Aussicht über die Plaine Corail zum Flughafen. Erst-! klassig

Der Stolz des einheimischen Kunsthandwerks auf Mauritius: die detailgetreue Herstellung von Schiffsmodellen

Tour 3 Drei Wochen Inselhüpfen im Indischen Ozean: Mauritius, Rodrigues und La Réunion

Tour-Übersicht:

Mahébourg › Curepipe › Eureka › Port Louis › Pamplemousses › Grand Baie › Cap Malheureux › Mahébourg › Plaine Corail › Petit Gabriel › Anse Mourouk › St-Denis › St-Paul › St-Gilles › Le Maïdo › St-Louis › Cilaos › St-Pierre

Dauer:

Um einen umfassenden Eindruck von den drei Inseln zu erhalten, sollte man mindestens zwei, jedoch besser drei Wochen einplanen.

Verkehrsmittel:

Air Mauritius und Air Austral bieten Rundflugtickets zum Besuch aller drei Inseln an, von St-Pierre starten mehrfach in der Woche Direktflüge nach Mauritius (alle Flüge unbedingt lange im Voraus buchen; besonders während der örtlichen Schulferien und an Wochenenden sind die Plätze begrenzt!). Auf Mauritius empfiehlt sich wegen der ungewohnten Verkehrsverhältnisse ein Taxi bzw. ein Mietwagen mit Fahrer, auf Rodrigues sollte man ein geländetaugliches Fahrzeug mit Fahrer wählen, während La Réunion am besten mit einem wendigen Mietauto erkundet wird, da hier die Straßen sehr kurvig sind.

Von der alten Kolonialstadt **Mahébourg** › S. 90 oder direkt vom Flughafen aus geht es quer über die Insel auf der Autobahn nach **Curepipe** › S. 66, eine der bevölkerungsreichsten Städte des Hochlands mit oft regnerischem Wetter, aber hervorragender Auswahl an Boutiquen und Spezialgeschäften. Auf der Strecke nach Port Louis liegt nahe der Stadt Moka das gut restaurierte ***Maison Créole Eureka** › S. 74 mit interessantem Garten und Museum. In der quirligen Hauptstadt Port Louis sollte man sich für ein paar Stunden umschauen, bevor es auf einer gut ausgebauten Straße nach **Pamplemousses** › S. 80 geht, das für seinen ****Botanischen Garten** bekannt ist. Auch das **Zuckermuseum** in einer ehemaligen Zuckerfabrik ist sehr sehenswert.

Der Badeort **Grand Baie** › S. 78 mit zahlreichen Bars und Restaurants hat vielleicht nicht die schönsten Strände der Insel, aber zweifellos das lebhafteste Nachtleben. Weiter in Richtung Norden wird es ruhiger, an der rot gedeckten Kirche von **Cap Malheureux** schaut man übers türkisblaue Wasser auf ****kleine Inseln** › S. 80.

Wer viel Zeit im Gepäck hat, kann der Ostküste bis Mahébourg folgen, schneller geht es zurück auf der Autobahn bis zum Flughafen bei Plaisance. Nicht weit vom Flughafen auf der Plaine Corail auf Rodrigues befinden sich

Blick auf Port Louis vom Fort

die Tropfsteinhöhle ***Caverne Patate** › S. 100 und der Korallensteinbruch **Carrière de Corail** › S. 100, die besichtigt werden können. Über die Ortschaften im Inselinneren führt die Strecke nach Saint Gabriel und windet sich dann in zahllosen Kurven zur Küste hinab (› Tour 2). An der Küste geht es weiter in Richtung Osten nach Paté Reyneux, wo am Ende der Straße die schöne Bucht **Anse Mourouk** › S. 105 mit einem kleinen Hotel liegt. Wer mag, kann auf der Küstenstraße über Port Sud-Est, Rivière Cocos, Petite Butte und La Fouche zum Flughafen zurückfahren. Von hier geht es per Flugzeug nach **St-Denis** › S. 113, der Hauptstadt von La Réunion.

Entlang der Steilküste fährt man direkt am Meer entlang über La Possession auf der Schnellstraße bis nach **St-Paul** › S. 117. Das verträumte Örtchen liegt an einem schwarzen Sandstrand und lebt vor allem an Markttagen auf. Unterhalb von Steilklippen geht es über **Boucan-Canot** › S. 121 mit seinem schönen Badestrand in den lebhaften Urlaubsort **St-Gilles** › S. 121, an dessen südlichem Ende die größte Lagune der Insel beginnt. Über **St-Gilles-les-Hauts** › S. 122 und Le Guillaume führt eine kurvige Straße auf 2203 m zum Aussichtspunkt **Le Maïdo** › S. 118, von wo man einen spektakulären Blick in den *****Cirque de Mafate** › S. 118 hat (früh aufstehen, da ab ca. 10 Uhr Wolken den Blick versperren!). Zurück an der Küste führt die Straße nach Süden durch die Ortschaften **St-Leu** › S. 123 und vorbei an **Etang-Salé-les-Bains** › S. 124 mit seinem wunderschönen schwarzen Sandstrand in das kleine Städtchen St-Louis, bei dem sich noch eine der letzten Zuckerrohrfabriken befindet. Hier zweigt eine schmale, sehr kurvige Straße in den *****Cirque de Cilaos** › S. 109 ab. Vorsicht vor Steinschlag, vor allem bei und nach Regen! In der Ortschaft **Cilaos** › S. 125 auf dem Hochplateau starten viele Wanderwege, auf denen man die kühle Höhenluft und die wunderschöne Landschaft genießen kann. Zurück auf der gleichen Straße geht es über St-Louis und das breite Flussbett der Rivière St-Etienne in die zweitgrößte Stadt der Insel **St-Pierre** › S. 136.

Tour 4 Zwei Wochen Réunion auf Schusters Rappen

Tour-Übersicht:

St-Denis › La Roche Ecrite › Dos d'Ane › Rivière des Galets › Mafate › Cilaos › Piton des Neiges › Hell-Bourg (Salazie) › Forêt de Bélouve › Plaine des Palmistes › Piton de la Fournaise › St-Philippe (Tourkarte › S. 110)

Dauer:

Je nach Kondition sollte man 10–15 Tage veranschlagen. Es empfiehlt sich, Ruhetage und längere Rasten einzulegen.

Verkehrsmittel und Unterkünfte:

Zum Startpunkt der Tour im Stadtteil La Providence hinter den Büros des O.N.F. (Office Nationale de la Forêt) gelangt man mit Bus oder Taxi. Unterwegs besteht nur in Dos d'Ane, Cilaos, Hell-Bourg und auf der Plaine des Palmistes die Möglichkeit, in ein Taxi oder einen Bus einzusteigen. Der Weg endet bei St-Philippe, wo es Busverbindungen gibt. Alle Unterkünfte und Mahlzeiten in den Bergen müssen im Voraus gebucht werden (über die Touristenbüros oder das Maison de la Montagne, Buchungsbestätigung nicht vergessen!). In den Berghütten schläft man oft in Etagenbetten in Schlafsälen; in Pensionen sind auch Doppelzimmer verfügbar; gegessen wird am gemeinsamen Tisch. Informieren Sie sich unbedingt vorab im Maison de la Montagne über den Zustand der Wege! (Wanderkarten › S. 115, im Maison de la Montagne)

Die Wanderung folgt anfangs dem Fernwanderweg GR R2, der im Stadtviertel La Providence von **St-Denis** › S. 113 beginnt. Er führt stetig bergan bis zum hoch gelegenen Stadtteil Le Brulé (3 Std.), den Sie durchqueren, um nun der geteerten Forststraße bis zum Parkplatz Mamode Camp auf 1092 m Höhe zu folgen. Hier beginnt der Waldweg zur Berghütte auf der Plaine des Chicots (1839 m), der über etwa zwei Stunden durch verschiedene Vegetationszonen führt und sanft ansteigt. Den 1½-stündigen Aufstieg von der Hütte auf den Gipfel des ***Roche Ecrite** (2277 m) sollte man in den frühen Morgenstunden und ohne Gepäck angehen. Von hier eröffnet sich ein grandioser Blick in den Talkessel von Salazie und Teile von Mafate. Auf dem gleichen steinigen Pfad geht es zurück zur Hütte und von dort nach Westen durch dichtes Buschwerk in Richtung des Ortes **Dos d'Ane** (Pensionen), der auf einem Hochplateau liegt (12,8 km, 3½ Std.). Der Weg folgt der Cirque-Wand mit atemberaubenden Blicken in den unteren Teil des *****Cirque de Mafate** › S. 118, er ist teilweise glitschig und voller Wurzelwerk. Sie durchqueren Dos d'Ane mit seinen zahlreichen Gemüsegärten und folgen im unteren Ortsteil der Beschilderung nach Deux Bras / Rivière des Galets. Der steile Weg führt hinab in das Flusstal, von dort steigt er an in Richtung **Roche Plate** (7–8 Std., Hütten). Er führt nun über 12 km auf und ab vorbei am idyllischen Plätzchen Les Trois Roches nach **Marla** (5 Std., Hütten). Hinter der kleinen Ansiedlung verlässt man den Cirque de Mafate nach dem kurzen, steilen Anstieg (ca. 1 Std.) zum Col du Taïbit (2083 m) und befindet sich im ***Cirque de Cilaos** › S. 109. Über einige kleine Hochebenen steigen sie in etwa 3 Std. zur Straße ab, die von Cilaos nach Ilet à Cordes führt. Sie überqueren diese und folgen weiter dem abfallenden Weg in ein Flusstal, in dem dann der steile Aufstieg zum Hauptort **Cilaos** › S. 125 beginnt (1 ½ Std., Hotels und Pensionen). Oberhalb der Ortschaft, an der Straße nach Bras Sec, beginnt der Wanderweg auf den höchsten Gipfel der Insel, den **Piton des Neiges** (3070 m) › S. 120. Der Weg verläuft über 5 km steil bergan, nach etwa 5 Std. erreicht man die einfache Wanderhütte Gîte de la Caverne Dufour unterhalb des Gipfels. Der Aufstieg (ca. 1 ½–2 Std.) sollte frühmorgens geschehen, bevor Wolken die Sicht in die Talkessel von Mafate und Cilaos behindern.

Nach Rückkehr zur Hütte folgen Sie der Beschilderung nach Cap Anglais und dann weiter nach Hell-Bourg im ***Cirque de Salazie** › S. 128 (10 km, 5 Std.). Der Weg ist mühsam und rutschig, er führt stetig bergab. Im hübschen Ort ***Hell-Bourg** › S. 128 lohnt ein längerer Aufenthalt. Vom Ortskern wandert man über schmale Wege zur Cirque-Wand und diese im Zickzack hinauf zur Wanderhütte Gîte de Bélouve (4,8 km, 2 Std.), die auf einem

Kletterer im Cirque de Salazie

Erst-klassig

Plateau liegt. Hier beginnt ein Abstecher zum Aussichtspunkt über das enge Tal Trou de Fer › **S. 129**, der sich als Tageswanderung anbietet (7 km hin und zurück, ca. 3 ½ Std.). Durch die dichten Primärwälder von Bélouve und Bébour, mit Anstieg auf deren Schnittstelle, den Col de Bébour (1640 m), führt eine lange Etappe bis zur Ortschaft **Plaine des Palmistes** › **S. 129** bzw. bis zum Ortsteil Petite Plaine (Pensionen); streckenweise verläuft der Weg auf der Forststraße (18,2 km, 5–6 Std.). In Plaine des Palmistes führt ein eher selten begangener Weg zum **Piton Textor** (3 Std.) und von dort weiter über die ***Plaine des Sables** › **S. 130** bis zum Pas de Bellecombe, dem Aussichtspunkt auf den Kegel des Vulkans *****Piton de la Fournaise** › **S. 130** (6 Std.). Die lange Wanderung berührt unterschiedlichste Vegetations- und Landschaftszonen, sie führt durch fruchtbares Weideland und dichte Wälder bis zur kargen Mondlandschaft am Vulkan. Unterhalb des äußeren Kraterrands liegt eine schöne Hütte, hier starten verschiedene Wanderwege. Die Besteigung des Vulkangipfels (2631 m) ist nicht immer möglich. Die Tourroute führt auf der staubigen Straße zurück zum Beginn der Plaine des Sables und dort in Richtung Süden über Foc Foc in die Wälder des **Vallée Heureuse**. Das Terrain ist rutschig, der mühsame Abstieg endet nach etwa 6 Std. auf einer Forststraße, die in die Ortschaft **Basse Vallée** (weitere 1 ½ Std.) führt; alternativ (etwa 2 Std. länger) kann man der Fernwanderweg GR R2 bis nach Mare Longue kurz vor **St-Philippe** › **S. 134** folgen. Die Inselüberquerung endet bei beiden Varianten nach der Überwindung von rund 125 km Strecke und 8000 Höhenmetern am Meer, wo Wellen gegen die rauen Lavaklippen schlagen.

Der Piton de la Fournaise

Tour 5 Natur und Kultur, Berge und Meer: Zwei vielseitige Wochen auf La Réunion

Tour-Übersicht:

Ste-Clotilde › St-André › Bras Panon › St-Benoit › Ste-Anne › Ste-Rose › St-Philippe › Cascade de la Grande Ravine › St-Joseph › Grand Anse › St-Pierre › Piton de la Fournaise › St-Louis › Cilaos › St-Leu › St-Gilles › St-Paul › La Possession › St-Denis

Dauer:

Eine Inselumfahrung ohne Stopps dauert ca. 6 Stunden, für die Gesamttour mit Abstechern sollte man jedoch 14 Tage einplanen.

Verkehrsmittel und Unterkünfte:

Die Überlandbusse *Car Jaunes* fahren rund um die Insel, auf die Hochebene und in den Cirque de Cilaos, einige der Abstecher sind jedoch mit dem Bus nur schwer zu erreichen. Ideal ist ein kleines, wendiges Mietauto in gutem Zustand, da einige Streckenabschnitte unbefestigt sind. Lassen Sie über Nacht oder an einsamen Parkplätzen nichts offen im Auto liegen, Einbrüche in Mietautos kommen nicht selten vor. Unterkünfte sollten im Voraus reserviert werden.

Die Tour beginnt am **Flughafen Roland Garros** im Ortsteil Gillot nahe der Stadt Ste-Clotilde. Auf der Autobahn fahren Sie in Richtung Osten, vorbei an den kleinen Städtchen Ste-Marie und Ste-Suzanne. Rechts und links liegen Zuckerrohrfelder, gelegentlich erspäht man eine palmengesäumte Allee, die zu einem alten Herrenhaus führt. In Bras Panon biegen Sie auf die alte Route Nationale ab und erreichen bald die **Coopérative de Vanille** › S. 132, deren interessante Ausstellung über die Herstellung der Bourbon-Vanille informiert. Ein lohnenswerter Abstecher führt über eine schmale Straße zum Bassin de la Paix › S. 132, in das sich ein schöner Wasserfall stürzt. Hier beginnt ein Wanderweg zu einem zweiten See mit Wasserfall, dem **Bassin de la Mer**, in dem man auch schwimmen kann. **Erst-! klassig**

Die N 2 führt nun recht nah am Ufer entlang über **St-Benoît** › S. 132 nach Süden; sie wird jetzt schmaler, etwas weniger befahren und schlängelt sich durch Felder bis zum kleinen Ort **Ste-Anne** › S. 133, in dem eine kuriose Kirche mit angrenzendem Kunsthandwerkszentrum zum Stopp einlädt. Weiter südlich wird das tiefe Tal der **Rivière de l'Est** überquert. Parallel zur modernen Brücke überspannt eine historische Hängebrücke den Fluss, der nach Regenfällen stark anschwillt. Kurz darauf durchfahren Sie die Ortschaft **Ste-Rose** › S. 133. Am Kreisel führt eine Stichstraße zu einem kleinen Hafen am Meer, hier erhascht man erste Blicke auf die felsige Südküste. Weiter in Richtung Westen spürt man den Einfluss des Vulkans immer deutlicher, die Kirche von **Piton Ste-Rose** › S. 134 wurde einst beim Ausbruch 1977 von Lavaflüssen umzingelt. Etwas lieblicher präsentiert sich die unweit gelegene Fischerbucht ****Anse des Cascades** › S. 134, zu der sich eine kleine Straße hinabschlängelt. Unter den Palmen und Sträuchern in Ufernähe picknicken am Wochenende kreolische Großfamilien, durch die kleinen Bachläufe kann man bis zur Felsenwand laufen, an der sich kleine Wasserfälle hinabstürzen.

Die Naturgewalten haben die Landschaft an den südöstlichen Flanken des Vulkans immer wieder verändert. In den letzten Jahren fanden Ausbrüche gelegentlich auch außerhalb des Hauptkraters statt und bedrohten die Ortschaften Piton Ste-Rose und Le Tremblet, mehrfach floss die Lava bis ins Meer. Bei solch heftigen Eruptionen wie im März 2007 ist die um die Insel führende Straße oft für Monate unterbrochen.

Die frischen getrockneten Lavaflüsse sind an ihrer tiefschwarzen Farbe deutlich erkennbar, neu geteerte Streckenabschnitte führen darüber. Kurz vor Le Tremblet verlässt man den inneren Kraterbereich. Die schmale Küstenstraße schlängelt sich jetzt durch kleine Ortschaften mit vielen traditionellen kreolischen Häusern bis nach **St-Philippe** › S. 134. Bei Langevin führt eine Straße entlang der Rivière Langevin durch ein schmales Tal. Gegen Ende der teilweise steilen Straße, kurz vor der Ortschaft Grand Galet, stürzt sich der Wasserfall **Cascade de la Grande Ravine** › S. 135 in die Tiefe, auf der Rückfahrt kann man sich im Fluss erfrischen. Die nächste größere Ortschaft entlang der Hauptstraße ist **St-Joseph** › S. 135; einige Kilometer dahinter gelangt man zur wunderschönen Bucht von Grand Anse › S. 136 mit weißem Sandstrand. Das Schwimmen im Meer ist hier zu gefährlich, aber Kinder planschen gern in dem kleinen angelegten Felsenbecken.

Erst-! klassig

Die Stadt **St-Pierre** › S. 136 bildet das Zentrum des Südens und eignet sich zum Bummeln in den steilen Straßen des Stadtkerns oder an der Uferpromenade. Eine vierspurige Straße führt über Le Tampon in Richtung Hochplateau und erreicht nach zahlreichen Kurven **Bourg-Murat**. Die Ortschaften am Wegesrand erhielten ihre Namen entsprechend der Entfernung von der Küste: Le Dix-Septième liegt z. B. 17 km hinter St-Pierre. In Bourg-Murat befindet sich in einem futuristischen Gebäude das Musée du Volcan › S. 120. Hinter dem Museum beginnt die Forststraße, die über die karge ***Plaine des Sables** › S. 130 bis an den äußeren Kraterrand des *****Piton de la Fournaise** › S. 130 führt. Die Fahrt zum Vulkan und eine Wanderung in den Krater sind Höhepunkt eines jeden Besuchs auf La Réunion. Zurück geht es auf dem gleichen Weg an die Südwestküste und weiter bis **St-Louis**. Ein Teil der Brücke über die Rivière Etienne stürzte nach einem Zyklon 2006 unter den Wassermassen ein und wurde erst 2008 erneuert.

Erst-! klassig

In St-Louis beginnt die kurvige Straße, die in den *****Cirque de Cilaos** › S. 109 führt. An jeder Ecke eröffnen sich atemberaubende Blicke in die

Bis zu 10 m hohe Baumfarne sind die Wahrzeichen von Réunion

zerklüftete Landschaft im Herzen der Insel. Auch hier gibt es für den Rückweg keine Alternative; über St-Louis, vorbei an der Zuckerrohrraffinerie Sucrerie du Gol, geht es weiter gen Norden. **Etang-Salé-les-Bains › S. 124** ist bekannt für seinen lang gezogenen schwarzen Sandstrand, dessen Strömungen jedoch stellenweise gefährlich sind. Von der küstennahen N1 bis **St-Leu › S. 123** eröffnen sich stets herrliche Blicke aufs Meer. **Les Souffleurs › S. 124** heißt ein Loch im Lavagestein neben einer kleinen Haltebucht – die Wucht der Wellen drückt Seewasser hindurch, das hoch aufspritzt. Am Ortsausgang liegt die ehemalige Schildkrötenfarm, die in das Forschungszentrum **Erst-! klassig** Kelonia-Observatorium für Meeresschildkröten umgewandelt wurde. Bleibt man auf der Landstraße N1, beginnt bei La Saline die größte Lagune der Insel, die sich über 24 km Länge bis nach **St-Gilles-les-Bains › S. 121** erstreckt. **L'Hermitage › S. 121** und **St-Gilles** sind die Hauptbadeorte der Insel mit Bars, Diskotheken, vielen Restaurants, schönem Aquarium und Hafengelände. Nördlich davon liegt einer der beliebtesten Strände, **Boucan-Canot › S. 121**, in einer kleinen Bucht kurz vor Beginn der Steilküste, an der entlang sich die Straße bis **St-Paul › S. 117** schlängelt.

Auf der vierspurigen Autobahn geht es von hier vorbei am einzigen Tiefseehafen der Insel Le Port nach **La Possession.** Hier landeten die ersten Besucher der Insel und wohnten in Höhlen, die man noch besichtigen kann. Auf dem alten Friedhof Cimetière Marin am südlichen Ortsausgang liegen die Gräber berühmter Piraten und Seefahrer. Auf der ***Route du Littoral**, der Uferautobahn, geht es unterhalb der Klippen am Meer entlang bis in die Hauptstadt St-Denis.

Klima & Reisezeit

Die Höhe der Bergmassive, die tropische Lage der Inseln und der Südostpassat beeinflussen das Klima auf den drei Maskareneninseln. Man unterscheidet grob zwischen zwei Jahreszeiten: einem schwül-heißen Sommer (Nov.–April), in dem die Temperaturen bei hoher Luftfeuchtigkeit bis auf 35 °C steigen können, und einem trocken-moderaten Winter (Mai–Okt.). Als ideale Urlaubszeit gelten die Monate April bis Juli sowie September bis November, da es dann weder zu heiß noch zu feucht ist.

Die Sommermonate Dezember bis März prägen Tiefdruckgebiete, heftige Niederschläge und gelegentliche Wirbelstürme – sog. **Zyklone.** Kleine Flüsse verwandeln sich in reißende Ströme, eine sonst ruhige Lagune ist übersät mit weißen Gischtkronen, und orkanartige Böen oder Überschwemmungen können ganze Landstriche verwüsten. Meist ist der Spuk nach ein bis drei Tagen wieder vorbei und die Sonne lacht umso intensiver vom wolkenlosen Himmel. Pro Saison kann es mehrere Wirbelstürme geben, in manchen Jahren bleiben sie ganz aus.

Mauritius

Mauritius gilt das ganze Jahr über als Badeparadies, wobei die Temperaturen im dortigen Winter, zwischen Juni und Oktober, deutlich unter denen im Rest des Jahres liegen und ein kühler Wind wehen kann. Im Dezember, wenn in Europa der Winter Einzug hält, herrschen Temperaturen von über 30 °C. Während von Januar bis März die Quecksilbersäule bis auf 36 °C klettern kann, fallen die Werte im mauritischen Winter (Juni–Aug.) bis auf 20 °C. Die Wassertemperaturen schwanken von 24 °C im Juli bis 27 °C im Januar. Mauritius ist fast das ganze Jahr über einem Südostwind ausgesetzt, der Surfern und Seglern an den südlichen und östlichen Küsten paradiesische Bedingungen beschert und die Wolken in die Berge bläst, wo sie meist abregnen. Zum Schnorcheln eignet sich eher die im Windschatten gelegene West- und Nordküste.

Port Louis (Mauritius)

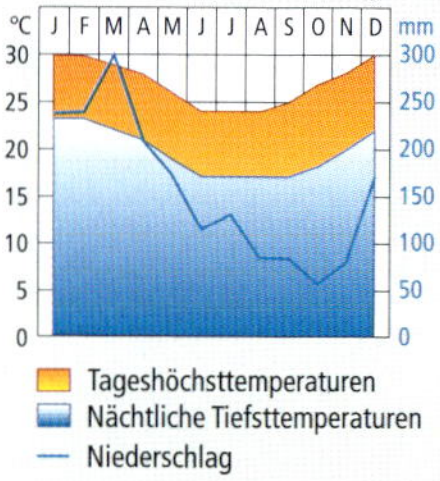

Indischer Ozean (Mauritius)

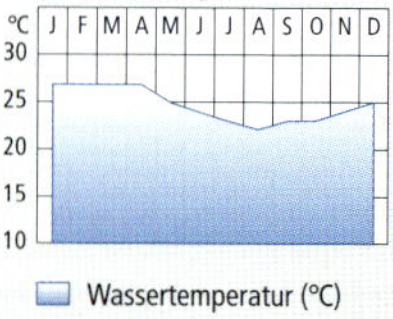

Rodrigues

Mangels hoher Berge, an denen sich Wolken stauen könnten, ist Rodrigues die niederschlagsärmste Insel der drei Schwestern. Dies führt zu häufigen Engpässen bei der Süßwasserversorgung. Viele Flusstäler der Insel bleiben fast das ganze Jahr über trocken und einige Quellen versiegen. In manchen Jahren sorgen Zyklone mit heftigen Niederschlägen für eine Aufstockung der Reservoirs, jedoch richten sie durch ihre starken Winde großen Schaden an der Ernte an. Während des ganzen Jahres weht vor allem an der Südküste ein frischer Wind, Windsurfer wissen ihn zu schätzen.

La Réunion

Auf der bergigen Insel La Réunion liegen die Durchschnittstemperaturen zwischen Mai und November bei 25 °C, es regnet wenig. Diese kühlere Jahreszeit eignet sich besonders gut für Wanderungen. An der Westküste *(Côte sous le vent)* ist es häufiger sonnig als im Osten *(Côte au vent* – Küste im Wind), im Süden und in den Höhenlagen. Im Sommer der südlichen Hemisphäre, (Dez.–April), ist es merklich heißer (30 °C), die Luftfeuchtigkeit steigt und es kann oft tagelang stark regnen. Das Inselinnere mit den Talkesseln und den Hochebenen verschwindet fast täglich für Stunden unter Wolken, und am Vulkan ist das Wetter sehr wechselhaft und kann ganz plötzlich umschlagen.

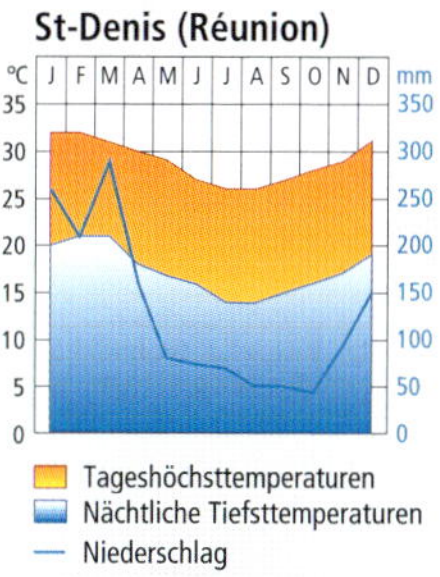

Auch wenn die Außentemperaturen je nach Jahreszeit leicht schwanken, variieren die Wassertemperaturen nur zwischen 24 °C im Juli und 27 °C im Januar. Die Lagune ist ein Paradies für Schwimmer und Schnorchler, jenseits des Korallenriffs kommmen geübte Taucher und Segler sowie Hochseeangler auf ihre Kosten. Selbst bei Passatwind bleibt das Wasser in der Lagune recht ruhig, es kann dann aber zu stärkeren Strömungen kommen.

Anreise

Die Linienfluggesellschaft Air Mauritius (www.airmauritius.com) fliegt mehrmals wöchentlich ab Frankfurt/M., München und Zürich bzw. Genf in etwa 11 Stunden in der Regel über Paris nach **Mauritius** und weiter nach **Rodrigues** und **La Réunion**. Condor (Thomas Cook, www.condor.com) bietet mehrmals pro Woche Direktflüge von Frankfurt/M. an. Der internationale Flughafen von Mauritius, Sir Seewoosagur Ramgoolam (http://aml.mru.aero), liegt in Plaisance im Südosten der Insel, ca. 45 km von Port Louis entfernt. Wer auf eigene Faust unterwegs ist, muss seinen Rückflug spätestens 72 Stunden vor Abflug entweder am Flughafen (Tel. 603-3030 oder 207-7575) oder im betreffenden Airline-Büro bestätigen lassen.

Air France (www.airfrance.de) und Air Austral (www.air-austral.com) fliegen von Frankreich aus direkt nach **La Réunion** (Anschlussflüge von den meisten deutschen Flughäfen). Air Austral verkehrt außerdem zu weiteren Destinationen im Indischen Ozean, darunter auch Mauritius und Rodrigues (Rundflüge sind möglich). Die Charterfluggesellschaft CorsairFly (TUIfly, www.corsairfly.com) unterhält wöchentlich mehrere Flüge nach La Réunion. Vom Flughafen Roland Garros (www.reunion.aeroport.fr), ca. 10 km östlich von St-Denis, verkehren Pendelbusse (»navette aéroport«, Tel. vor Ort 0800/655-655) und Taxis in die Hauptstadt.

Reisen in der Region

Air Mauritius verbindet Mauritius mit Rodrigues (1,5 Std.) und La Réunion (40 Min.). Air Austral fliegt ebenfalls nach La Réunion.

Die *MS Mauritius Pride,* ein mauritischer Frachter mit Personenbeförderung, ist dreimal monatlich nach Rodrigues (ca. 28 Std.) und ca. sechsmal monatlich nach La Réunion (ca. 12 Std.) unterwegs. Auch die *MS Mauritius Trochetia* verkehrt regelmäßig auf diesen beiden Strecken. Auskünfte erteilt die **MSCL Coraline Ltd.** (Suite 412, St. James Court, St-Denis Street, Port Louis, Tel. 208-5900, www.mauritiusshipping.intnet.mu).

Unterwegs auf Mauritius und Rodrigues

Drei **Hubschrauber** der Air Mauritius stehen für Hoteltransfers und Rundflüge zur Verfügung (Tel. 603-3754, Fax 637-4104). **Mietwagen** gibt es ab ca. 50 €/Tag, z. B. bei **Dodo Touring** (Quatre Bornes, Tel. 425-4242) oder bei **ADA** (Tel. 675-2626, www.adamaurice.mu) sowie bei allen gängigen internationalen Autovermietern. Der Fahrer muss 23 Jahre alt sowie im Besitz eines noch ein Jahr gültigen Internationalen Führerscheins sein; auch der Reisepass wird verlangt. Kreditkarten ersparen die Hinterlegung einer Kaution. Der Abschluss einer Insassen- und Vollkaskoversicherung ist ratsam. Tankstellen gibt es in jedem größeren Ort (auf Rodrigues nur in Port Mathurin), abends sind viele geschlossen. In Touristenorten, vor allem auf Rodrigues, werden oft **Zweiräder** mit und ohne Motor zum Verleih angeboten. Vor der Abfahrt unbedingt deren technischen Zustand überprüfen!

Busse auf Mauritius sind zuverlässig und preiswert

Taxis bieten eine gute und oft bequemere sowie preiswertere Alternative zum Mietauto. Zu günstigen Pauschalpreisen (im Hotel zu erfragen) kann man sie für einen halben oder ganzen Tag mieten und bei Besichtigungen den Fahrer warten lassen. Die Chauffeure entpuppen sich nicht selten als kundige Reiseführer (auf ausreichende Sprachkenntnisse achten). Alle Taxis haben amtlich kontrollierte Taxameter und eine Liste mit Pauschalpreisen für die Hauptrouten. Es empfiehlt sich dennoch, den Preis immer vor Antritt der Fahrt abzusprechen. Der Nachttarif (20–5 Uhr) ist 40 % teurer. Am Flughafen oder vor Hotels stationierte Taxis verlangen etwa 10 % mehr als die übrigen und berechnen Extragebühren für Gepäck und Flughafen-Zufahrt.

Busse sind ein verlässliches und preiswertes Verkehrsmittel und obendrein ganz bequem. Von Port Louis starten die Busse von zwei Bahnhöfen aus entweder nach Süden oder nach Norden, nahezu jeder Ort ist per Bus erreichbar. Mit Ausnahme der Expressbusse dauern die Fahrten allerdings lange. In den Stadtgebieten verkehren die Busse von 5.30 bis 20 Uhr, zwischen Port Louis und Curepipe bis 23 Uhr, auf dem Land wartet man nach 18.30 Uhr vergeblich auf einen Bus. Die Busse auf Rodrigues sind etwas

SEITENBLICK

Verkehrsregeln

Auf **Mauritius** herrscht Linksverkehr. In Ortschaften beträgt die Höchstgeschwindigkeit 40 km/h, auf Landstraßen 50 km/h und auf der Autobahn 80 km/h. Meist wird jedoch viel schneller gefahren!

Auf **Réunion** gelten folgende Höchstgeschwindigkeiten: 50 km/h in Ortschaften, auf Landstraßen 90 km/h und auf Schnellstraßen 110 km/h oder 130 km/h.

klappriger als die auf der Hauptinsel, sie verbinden Port Mathurin mit allen Hauptorten der Insel. Der letzte Bus fährt hier gegen 17.30 Uhr.

Organisierte Touren

Bootstouren zu den vorgelagerten Inselchen von Mauritius sowie Besichtigungsfahrten organisieren folgende Reiseagenturen:

White Sand Tours
- Lurepipe
- Tel. 605-1500
- www.whitesandtours.com

MauriTours
- Rose Hill
- Tel. 467-9700
- www.mauritours.net

MTTB/Mautourco
- Forest Side
- Tel. 670-4301
- www.mautourco.com

Unterwegs auf Réunion

Ein dichtes **Busliniennetz** (*cars jaunes;* www.cg974.fr) überzieht die ganze Insel, sodass beinahe jeder Ort per Bus erreichbar ist. Innerhalb der größeren Städte gibt es noch regionale Busnetze. Informationen erhält man an den Busbahnhöfen *(gare routière)* der größeren Ortschaften und in den Tourismusbüros. Die Verbindungen sind allerdings oft langsam und nicht jeder touristisch interessante Punkt wird direkt angefahren. Die meisten Besucher sind mit dem **Mietwagen** unterwegs. Neben den internationalen Verleihfirmen, die in großen Hotels, in den Städten und am Flughafen vertreten sind, bieten einheimische Agenturen günstige Leihautos (ab ca. 30 €/Tag). Man kann auch Geländewagen und Motorräder mieten. Die Straßen auf Réunion befinden sich in gutem Zustand, doch hohes Verkehrsaufkommen und Staus sind zu Stoßzeiten die Regel. Einige Straßen können nach Regenfällen oft tagelang gesperrt sein. **Taxis** haben Taxameter, stehen in jedem größeren Ort zur Verfügung und können auch zu entlegenen Stationen geordert werden. Der Preis setzt sich aus Grundgebühr und gefahrenen Kilometern zusammen. Nacht- und Wochenendtarife sind etwas teurer.

Réunion aus der Luft

Wer dem Piton de la Fournaise ins Auge schauen sowie Wasserfälle wie im Trou de Fer zum Greifen nah erleben möchte, sollte Réunion per Hubschrauber oder Ultraleichtflugzeug erkunden. Preise 100–300 €, Buchung:

Erst-! klassig

Helilagon
- Altiport de l'Éperon | St-Paul
- Tel. 02 62 55 55 55
- www.helilagon.com

Corail Hélicoptères
- Aéroport de St-Pierre | Pierrefonds
- Tel. 02 62 22 22 66
- corail-helicopteres.com

Felix ULM Run
- ULM-Basis Cambaie | Le Port
- Tel. 06 92 87 32 32
- www.felixulm.com

SPECIAL

Fun for Kids auf Mauritius

Kinder und Teens jeden Alters finden auf Mauritius, was ihr Herz begehrt. Fast jedes größere Hotel bietet täglich ein abwechslungsreiches Programm im kostenlosen Mini- oder Teenclub an; daneben gibt es Spiele, Bücher, Computerspiele und DVDs (alles meist auf französisch und englisch). Einige Hotels offerieren darüber hinaus eigens für Teens entwickelte Animationsprogramme mit Ausflügen. Kinderstühle, Babybetten, Babysitterservice und spezielle Mahlzeiten sind überall erhältlich.

An allen Hotelstränden oder im Swimmingpool können Kinder gefahrlos spielen und baden, verschiedenste Wasseraktivitäten lassen jeden Tag wie im Flug vergehen. Sehr spannend ist die Teilnahme an einem speziell für Kinder von 8–12 Jahren konzipierten Tauchkurs, dem PADI-Bubblemaker. Pferdeliebhaber finden an vielen Stränden wie auch im Hinterland Reitmöglichkeiten.

Spannende Aktivitäten

Für Ausflüge und Abenteuer bietet sich der **Waterpark** › S. 83 von Belle Mare an. Diverse Becken und Rutschen garantieren jede Menge Spaß. Erlebnisreich ist auch das **La Vanille Reserve des Mascareignes** › S. 92 bei St-Aubin, wo Hunderte Reptilien, Affen und viele andere Kreaturen bestaunt werden können. Im **Casela Nature & Leisure Park** › S. 96 bei Flic en Flac leben über 1500 Vogelarten sowie Wildkatzen, Zebras und Schildkröten. In der Länderei **Domaine des Pailles** › S. 74 kann man reiten und Kutsche fahren. Flora und Fauna sowie Zipline Abenteuer des **Chazal Ecotourisme** › S. 84 bieten Entdeckungsfreuden für Kinder und Teens.

Sport & Aktivitäten

Auf allen Inseln

Der Korallenring rund um Mauritius bietet natürlichen Schutz und sorgt fast rund um die Insel für relativ sichere Bade- und Schnorchelreviere. In vielen Hotels ist hier die Nutzung von Surf-, Schnorchel-, Segel- oder Wasserskiausrüstung im Preis inbegriffen.

Auf La Réunion liegen alle Badestrände an der Westküste zwischen St-Paul und Grand Anse, wo sich auch größere Lagunen und künstliche Badebecken befinden; an der Lagune gibt es Verleihstellen für Wassersportgeräte. Es sollte nur an patrouillierten Strandabschnitten gebadet und auch nur an ausgeschriebenen Stellen Wassersport betrieben werden, da ist man vor Haien und gefährlichen Strömungen sicher.

Auf Rodrigues ist das Meer fast überall zu seicht zum Baden und auch für Wassersport nur begrenzt nutzbar; es gibt nur wenige Verleihstellen, meist in den Hotels. Die **Sportarten** Tauchen, Schwimmen, Segeln und Windsurfen lassen sich auf allen drei Inseln gut praktizieren. La Réunion ist ein Dorado für Freunde von **Bergsport**- und **Extremsportarten**. Auch auf Rodrigues gibt es gute Wandermöglichkeiten, während auf Mauritius das Angebot an Wanderwegen begrenzt ist.

Wellness-Freunde werden hingegen auf Mauritius voll auf ihre Kosten kommen, die beiden anderen Inseln haben nur ein sehr begrenztes Angebot. In den Thermen von Cilaos auf La Réunion kann man kuren, ein solches Arrangement sollte jedoch im Voraus organisiert werden. Golfer zieht es ebenfalls nach Mauritius, da es hier ein breites Angebot an professionell geführten 18-Loch-**Golfplätzen** gibt. La Réunion besitzt drei private Golfclubs, die auch Gästen offenstehen (Infos beim Touristenbüro).

Tauchen

Rund um die Inseln liegen äußerst unterschiedliche Reviere. Leider hat die Korallenbleiche von 1998 die Korallen in den Lagunen geschädigt, aber Weichkorallen wachsen allmählich nach. Verboten sind das Sammeln von Muscheln oder Korallen und das Speerfischen.

An der klimatisch raueren und windigeren Ostküste von **Mauritius** konzentrieren sich Teppiche von Weichkorallen. In den Riffpassagen trifft man von November bis April auf Weißspitzen-Hundshaie und Riffhaie, in 25 m Tiefe begegnet man Langusten. In den Gewässern an der Südküste sind die Korallenstöcke bizarrer geformt und schwerer zugänglich, es gibt viele Fische. Whale Rock im Nordwesten zählt zu den interessantesten Tauchrevieren mit Stein- und Peitschenkorallen, Schwarzen Korallen und Geistermuränen. Das Riff um die Insel Coin de Mire nördlich von Mauritius eignet sich auf seiner Südseite zu Drifttauchgängen; Höhlen und

Schnorcheln in kristallklarem Wasser – ein Erlebnis

Kanäle fordern geübte Taucher heraus. In der Regel sind die Tauchschulen auf Mauritius großen Hotels angegliedert, sie unterrichten nach international anerkannten Richtlinien (CMAS und PADI). Bei Tauchunfällen befindet sich eine Dekompressionskammer in Vacoas (**Decompression Chamber,** Special Mobile Force, Vacoas, Tel. 686-1011). Auf **Rodrigues** warten viele Tauchplätze noch auf ihre Entdeckung, oft ist man allein vor Ort.

Auf **La Réunion** gibt es interessante Tauchplätze an der Westküste. Um sie zu finden, sollte man sich einer professionellen Tauchschule anschließen (Informationen im Magazin RUN Guide, www.run974.com, bei den Touristeninfobüros und im Maison de la Montagne).

Segeln

Sanfte Lagunen und der bewegte Indische Ozean laden Anfänger und Könner zum Segeln ein. Kleine Boote zum Lagunensegeln stellen die großen Hotels zur Verfügung, größere Jachten für Törns – mit oder ohne Crew – vermitteln professionelle Vermieter.

Yacht Charters

Erst-klassig

Historisches Segelboot Isla Mauritia.
- Royal Road | Grand Baie
- Mauritius
- Tel. 263-8395
- www.isla-mauritia.com

Croisières Turquoises Ltd.

Drei Katamarane segeln entlang der Nord-, Ost- und Südküste: Tagestouren.
- Pointe Jérôme | Mahébourg
- Mauritius
- Tel. 631-8347 oder 263-0110
- www.tropicscope.com

Coral Breeze

Bietet verschiedene Segeltörns und Wassersportaktivitäten vor allem im Norden der Insel an.
- Grand Baie
- Tel. 263-9059
- www.coralbreeze.com

Strandleben am Morne Brabant

Windsurfen, Kitesurfen und Wellenreiten

Im Schatten des Morne Brabant und an der Ostküste bei Belle Mare und Pointe d'Esny liegen die besten Wind- und Kitesurfreviere von **Mauritius** – hier weht ein frischerer Wind als an den meisten anderen Küstenabschnitten. An der Mündung des Tamarin River üben sich die Wellenreiter. An der Anse Mourouk auf **Rodrigues** befindet sich eine Wind- und Kitesurfschule mit Ausrüstungsverleih (www.kiteforfun-rodrigues.com), vor dieser Küste findet man auch die besten Bedingungen vor. Auf Réunion kann man sich in der Lagune von La Saline und Hermitage bei guten Windverhältnissen vom Wind treiben lassen; alle anderen Stellen sind Profis vorbehalten und nicht vor Haien sicher. Wellenreiter reiten auf den Kämmen der Wellen von St-Leu, Roches Noires in St-Gilles und Boucan Canot, es gibt hier auch eine professionelle Surfschule.

Da es 2012 zu mehreren HAI-ATTACKEN auf La Reunion kam, sieht man allerdings zurzeit an den Küstenabschnitten der Insel (d.h. im Westen) fast keine Wellenreiter und Surfer mehr im Wasser.

Centre Sport Nautique
Verleih von Surfbrettern, Wind- und Kitesurfausrüstung und Katamaranen
- Grand Baie | Mauritius
- Tel. 263-8017
- centrenautique.com

Ecole de Surf et de Bodyboard des Roches Noires
- St-Gilles | La Réunion
- Tel./Fax 02 62 24 63 28
- www.ecole-surf-reunion.com

Reiten

Mehrere Zentren bieten Unterricht für Erwachsene und Kinder an und führen Reiter durchs Gelände. Hoch gelobt wird der **Centre Equestre** in Riambel im Süden der Insel, der Ritte am Strand und Baden mit Pferden für Reiter aller Alterstufen anbietet (Tel. 729-4572, www.centreequestrederiambel.com). Infos über Veranstalter auf Réunion beim Maison de la Montagne sowie im Heft RUN Guide, das bei den Touristeninformationen erhältlich ist.

Mauritius und Rodrigues

Unterwasserspaziergänge und -bootstouren

Selbst Nichtschwimmer und Kinder können bei einem Unterwasserspaziergang aus nächster Nähe leuchtend bunte Fische und andere Meeresbewohner beobachten. Jedem Teilnehmer wird auf den vor Pointe aux Canonniers, Flic en Flac und Belle Mare verankerten Plattformen ein Taucherhelm übergestülpt, den ein Schlauch mit einer Druckluftflasche verbindet. Dann steigt er hinab auf den Meeresboden und geht dort spazieren.

U-Boote oder das Unterwasser-Panoramaboot »Le Nessee« sind eine Attraktion für alle, die von bequemen Sitzen aus die Meereswelt erleben möchten.

Blue Safari Submarine

U-Boote mit 35 m Tauchtiefe und ein selbst steuerbarer Sub-Scooter.

- Trou aux Biches
- Tel. 263-3333 | Fax 263-3334
- www.blue-safari.com

Captain Nemo's Undersea Walk

Unterwasserspaziergänge an verschiedenen Stellen in der Lagune.

- Grand Baie
- Mont Choisy und Belle Mare
- Tel. 263-7819 oder 263-7676
- underseawalk.8k.com/enginfo.html

Le Nessée

Boot mit Glasglocke im Unterwasserbereich.

- Grand Baie
- Tel. 674-3695 oder 263-8017
- www.coralbreeze.mu

Golf

Vom 9-Loch-Trainingsplatz bis zum 18-Loch-Champion-Course hält Mauritius ein großes und stetig wachsendes Angebot für Golfer bereit. Die Mauritius Tourism Promotion Authority › S. 139 in Port Louis veröffentlicht die Broschüre »Mauritius für Golfer«. Eine Auswahl der schönsten, an Hotels angebundenen Golfplätze › S. 34.

Die aufregendsten Aktivitäten

Erst-! klassig

- **Ultra-Light-Flugzeug**
  Flug im offenen Cockpit eines ULMs über die höchsten Gipfel von La Réunion, ein unvergessliches Erlebnis. › S. 28
- **Kitesurfen**
  Selbst geübte Kitesurfer schwärmen von den Winden an den Küsten der drei Maskareneninseln. › S. 32
- **Unterwasserspaziergang**
  Mit übergestülpter Taucherglocke auf dem Meeresboden spazieren, in der Lagune von Mauritius schauen viele Fische dabei zu. › S. 33
- **Canyoning**
  Abseilvergnügen inmitten eines rauschenden Wasserfalls, die steilen Felswände auf La Réunion machen es möglich › S. 35.
- **Gleitschirmfliegen**
  Wie ein Vogel im Wind mit Blick auf das Relief der Inseln, ganz gefahrlos per Tandemflug. › S. 36

Erst-klassig

Die anregendsten Spas

Besonders hervorzuheben sind die Wellness-Zentren und Spas der folgenden Hotels auf Mauritius, von denen einige auf Anfrage auch Tagesbesuchern offen stehen:

- **Oberoi Hotel**
  Wellness-Zentrum in einem herrlichen Garten mit geheiztem Pool und besonders geschmackvoll eingerichteten Behandlungsräumen.
  Pointe aux Piments › **S. 75**
- **Royal Palm Hotel**
  Wunderschöne Open-Air-Anlage mit Clarins-Behandlungen, Pools, Yoga, Sauna, Dampfbad und vielem mehr.
  Grand Baie › **S. 78**
- **Prince Maurice Hotel**
  Yoga, Tai Chi, Wellness-Programme und Schönheit von Sisley.
  Poste de Flacq › **S. 82**
- **The Residence**
  Massagen und Beauty-Behandlungen mit Produkten von Carita auf 600 m^2.
  Belle Mare Plage › **S. 82**
- **Le Touessrok Hotel**
  Givenchy-Spa-Tempel mit Gesundheits-, Entspannungs- und Schönheitsprogrammen.
  Trou d'Eau Douce › **S. 83**
- **Belle Mare Plage Hotel**
  Massagen, Peelings, Packungen und Gesichtspflege von Shisheido im stilvollen Ambiente.
  Belle Mare Plage › **S. 83**
- **Four Seasons Resort at Anahita**
  Die Spa-Pavillons befinden sich sowohl über dem Wasser und als auch auf dem Land, riesige Auswahl an wohltuenden Behandlungen.
  Trou d'Eau Douce › **S. 84**

Purer Luxus und Relaxation

Anahita Golf Course
18 Loch, PAR 72
- Four Seasons Resort | Anahita
- Tel. 402-3125
- www.anahitamauritius.com

Le Touessrok
18 Loch, PAR 72
- Ile aux Cerfs
- Trou d'Eau Douce
- Tel. 402-7400
- www.sunresortshotels.com

Le Paradis
18 Loch, PAR 72
- Le Morne
- Tel. 401-5050
- www.beachcomber-hotels.com

Maritim Hotel
9 Loch, PAR 29
- Balaclava, Turtle Bay
- Tel. 204-1000
- www.maritim.de

im Four Seasons Mauritius Resort

Tamarina Golf Estate
18 Loch, PAR 72
- Tamarina Bay
- Tel. 401-3000
- www.tamarinagolf.mu

Belle Mare Plage Golf Hotel & Resort
Erst-! klassig
18-Loch-Championship-Plätze, PAR 71 und 72
- Poste de Flacq
- Tel. 402-2600
- www.constancehotels.com

Wellness

Der neue Urlaubstrend sorgt dafür, dass die Luxushotels sich mit ihren Spas geradezu übertreffen. Zum Behandlungsangebot gehören Massagen, Gesichts- und Körperbehandlungen, Shiatsu, Fußreflexzonenmassage, Fußpflege, Maniküre und Haarentfernung. Oft ist ein Schönheitsstudio mit Friseursalon und ein Fitnessstudio angeschlossen. Sauna- und Dampfbadbereiche zählen zum kostenlosen Service. Viele Wellness-Zentren verfolgen einen ganzheitlichen Ansatz und bieten Kuren mit Anwendungen an, die sowohl einen persönlichen Ernährungsplan wie auch Fitnesstraining unter professioneller Anleitung umfassen.

La Réunion

Canyoning, Klettern, Wildwasserfahren und Kanuwandern

Das schroffe Inselinnere mit seinen tiefen Schluchten und zahlreichen Wasserläufen ist ein Canyoning-Paradies von Weltformat. Ein unvergessliches Erlebnis ist z.B. die geführte Schluchtenwanderung mit langen Schwimmstrecken, kurzen Kletterpassagen und Abseilstrecken

Erst-! klassig

an der Rivière des Roches an der Ostküste. Wildwassertouren finden während der Regenzeit auf der Rivière du Mat und der Rivière des Marsouins statt. Fast alle Veranstalter sind bei der Informations- und Buchungszentrale (s.u.) buchbar, jeder bietet mehrere Aktivitäten an.

Austral Aventure

- Hell-Bourg, Salazie
- Tel. 02 62 32 40 29
- www.australaventure.fr

Ric à Ric

- Saint-Leu
- Tel. 06 92 86 54 85
- www.canyonreunion.com

Wandern und Bergsport

Die bizarren Berge und grünen Hochebenen bieten sich zum Wandern an. Die Wege sind gut markiert, es gibt genaue Karten und Übernachtungsmöglichkeiten in 28 Hütten sowie bei vielen privaten Anbietern. Feste Wanderschuhe, Trinkwasser, Proviant, Sonnenschutz, Wind- und Regenschutz sowie Taschenlampe sind unerlässlich, Bergführer bieten ihre Dienste an. Touren unterschiedlicher Dauer bucht man über das Maison de la Montagne. Dort auch Informationen über den Zustand der Route sowie die obligatorische Reservierung von Hütten und Mahlzeiten.

Maison de la Montagne bzw. Comité Régional de Tourisme

Buchungen und Infos auch über die verschiedenen Tourismusbüros der Städte und Regionen.

- St-Paul
- Tel. 08 10 16 00 00 oder 02 62 90 78 78 | Fax 02 62 21 00 21
- www.reunion.fr
- Mo–Fr 9–12 und 13–17, Sa 9–12 Uhr

Wettervorhersage

- Tel. 3250
- www.meteo.re
- Information über tropische Tiefdrucksysteme: Tel. 08 97 65 01 01.

Nur auf französisch erscheint der Wanderführer Topoguide GR R1 und R2 mit genauen Routenbeschreibungen, Kartenausschnitten im Maßstab 1:50000 sowie Informationen über Entfernungen und Transportmittel. Sehr hilfreich ist auch die IGN-Karte Carte touristique de la Réunion im Maßstab 1:100000 (beide sind im deutschen Buchhandel erhältlich).

Paragliding und Drachenfliegen

Verschiedene Flugschulen bieten Kurse, Tandemflüge, Betreuung, Ausrüstungsverleih und Transfers zu Abflugpunkten an. Infos in allen Tourismusbüros oder bei den Veranstaltern: **Erst-! klassig**

Azurtech

- St-Leu
- Tel. 02 62 34 91 89
- Fax 02 62 38 01 86
- www.azurtech.com

Parapente Réunion

- Montée des Colimaçons | St-Leu
- Tel. 02 62 24 87 84
- www.parapente-reunion.fr

SPECIAL

Korallensand & Badewasser

Urlauber auf **Mauritius** schwärmen von den breiten Traumstränden und kleinen Buchten mit ihrem pulvrigen Sand und türkisblauen Wasser. Mauritius ist fast vollständig von einer Korallenbarriere umgeben, die eine schützende Lagune formt. An den meisten Stränden werden zahlreiche Wassersportaktivitäten angeboten, so auch auf der ****Ile aux Cerfs** › S. 84 bei Trou d'Eau Douce (Ostküste von Mauritius), die ein beliebtes Ziel für Tagesausflüge ist. An der Südküste ist das Baden bis auf wenige Stellen (wie z. B. in Riambel bei Souillac) wegen Strömungen und Haien zu gefährlich, da hier kein Riff die Küste schützt.

Auch die Strände auf **Rodrigues** sehen toll aus, sind jedoch wegen der flachen Lagune, welche die Insel umfasst, auch bei Flut zum Baden meist ungeeignet. Auf **La Réunion** reihen sich schöne Strände an der Westküste entlang, doch nicht überall kann gebadet werden. Am sichersten ist es in der Lagune südlich von St-Gilles, die bis nach La Saline reicht und die geringsten Strömungen aufweist.

Alle Strände auf Mauritius, Rodrigues und La Réunion sind öffentlich und werden besonders am Wochenende von den Einheimischen zum Picknicken aufgesucht.

Wenn der Tag zur Neige geht

Wahrhaft spektakuläre Sonnenuntergänge erlebt man an den Stränden von Mont Choisy, Pointe aux Canonniers und am Morne Brabant von Mauritius sowie an der Lagune von L'Hermitage oder den Stränden von St-Gilles auf La Réunion.

Unterkunft

Mauritius

Die Insel ist nicht umsonst bekannt für ihre Luxushotellerie mit ausgezeichnetem Service und Küche. Sie bietet jedoch noch viel mehr. Die Touristenhotels konzentrieren sich auf die Küstengebiete und schönsten Strandabschnitte im Norden, Osten und Westen der Insel. Seit einigen Jahren wurden auch Teile der Südküste und weitere Gebiete der Ostküste erschlossen, wo der Strand meist nicht so breit, schön und lang gestreckt ist wie an den traditionellen Touristenorten.

In Curepipe, Quatre Bornes und Port Louis gibt es Stadthotels. Kein Hotelgebäude darf die umstehenden Bäume überragen, meistens sind die Anlagen architektonisch geschickt in die Vegetation integriert. Einfachere Hotels und Gästehäuser sowie Ferienapartments oder -häuser liegen oft rund um die traditionellen Ortschaften, an weniger schönen Strandabschnitten. Sie sind meist sauber und gut geführt, Restaurants und Geschäfte befinden sich stets in der Nähe. Die Preise pro Nacht und Person beginnen in den einfacheren Herbergen bei etwa 30 €, wobei die tägliche Reinigung inbegriffen ist.

Bei der Auswahl einer Unterkunft kann es sinnvoll sein, die Verkehrsanbindung zu berücksichtigen – im Osten, Südwesten und Süden der Insel, wo sich vor allem Spitzenhotels befinden, sind ein Mietwagen oder ein Taxi meist unerlässlich.

Rodrigues

Es gibt nur drei bessere Hotels auf Rodrigues. Während das Pointe Venus Hotel auf einer Anhöhe thront, liegen das Cotton Bay und Mourouk Ebony Hotel an zwei der schönsten Badestrände.

Die meisten anderen Unterkünfte in Form von Ferienapartments, Frühstückspensionen oder Gästehäusern sind familiär geführt, sie befinden sich nahe der Ortschaften Anse aux Anglais und Port Mathurin sowie in den Bergen. Mag der Standard auch einfacher sein, so ist der Empfang voller kreolischer Herzlichkeit und man erhält häufig Einblicke in die Lebensweise der Rodrigueais.

La Réunion

Die Vulkaninsel La Réunion offeriert das vielfältigste Angebot an Unterkünften. Neben wenigen Spitzenhotels von internationalem Standard überwiegen Mittelklassehäuser, Stadthotels und Apartmentanlagen. Viele liegen rund um die Städte und selbst diejenigen in den Badezentren befinden sich nicht alle direkt am Strand. Bis auf wenige Ausnahmen darf man hier weder Wellnesszentren noch ein riesiges Sportangebot oder einen Privatstrand erwarten, jedoch ist der Standard im Allgemeinen hoch. Vor allem die Anlagen in den Bergen liegen oft in landschaftlich reizvoller Umgebung mit herrlichen Ausblicken auf die grandiose Natur.

Die Hotels bieten neben Zimmern und Suiten häufig auch Apartments und Bungalows an. Die Preise sind gemessen an Ausstattung und Leistung relativ hoch, da die Lohnkosten viel höher sind als im Nachbarstaat.

Rund um die Ortschaften im Inselinneren und den Höhenlagen liegen Hotels, Ferienwohnungen, Frühstückspensionen *(chambres d'hôtes)*, Ferienbauernhöfe *(fermes auberge)*, Jugendherbergen *(auberges de jeunesse)*, Campingplätze, Hütten *(gîtes ruraux)* und Wanderhütten *(gîtes de montagne* oder *gîtes d'étape)*. Meistens sind es Privatleute, die Übernachtung mit Frühstück, eine Zeltmöglichkeit und oft auch typisch kreolisches Abendessen in ihrem Haus oder in einem Nebengebäude anbieten, sodass man leicht Kontakt zu Einheimischen aufnehmen kann. Die Zimmer sind meist einfach, aber sauber, gegessen wird am gemeinsamen Tisch.

In den drei Jugendherbergen (Hell-Bourg, Bernica, Entre-Deux) und den zahlreichen Hütten gibt es vor allem Mehrbettzimmer mit Etagenbetten; die sanitären Einrichtungen sind einfach und müssen häufig geteilt werden.

Viele Pensionen und Hütten können über die Touristeninformationen oder das Maison de la Montagne bzw. die Reservierungswebsite › **S. 36** gebucht werden, die auch über Ausstattung und Verpflegung informieren.

Vor allem bei Wanderungen sowie in der Hochsaison (Oktober bis Januar) sollte man alle Unterkünfte im Voraus reservieren und bezahlen.

Ein Unterkunftsverzeichnis ist beim **Fremdenverkehrsbüro Réunion** in Frankfurt/Main › **S. 139** erhältlich sowie unter www.reunion.fr/de/.

Der regelmäßig aktualisierte Führer RUN Guide listet viele kleine Privatpensionen und Hütten auf.

Die schönsten Hotels der Maskarenen

Erst-! klassig

Auf Mauritius

Spitzenservice und gleich zwei Golfplätze bietet das **Le Prince Maurice**, (Poste de Flacq), ein Luxushotel in wunderschöner, einsamer Lage. › **S. 82**

Das **Four Seasons Mauritius** bei Beau Champ ist ein tolles Luxushotel mit Golfplatz. › **S. 84**

Das **Le Touessrok** mit Golfplatz direkt an der Ile aux Cerfs hat sich zum Lieblingsziel für Flitterwöchner entwickelt. › **S. 84**

Als wunderschönes Mittelklassehotel mit Miniclub und tollem Blick präsentiert sich das **Le Preskil Beach Resort** bei Blue Bay. › **S. 92**

Auf Rodrigues

Das **Mourouk Ebony Hotel** (Anse Mourouk) ist ein kleineres, typisch kreolisches Hotel mit guter Küche. › **S. 105**

Auf La Réunion

Direkt an der Lagune gelegen, lockt das **LUX Ile de la Réunion** (L'Hermitage) mit großem Pool und exzellenter Küche. › **S. 121**

Mit heißen Rhythmen vermittelt die Séga heute Lebensfreude pur

LAND & LEUTE

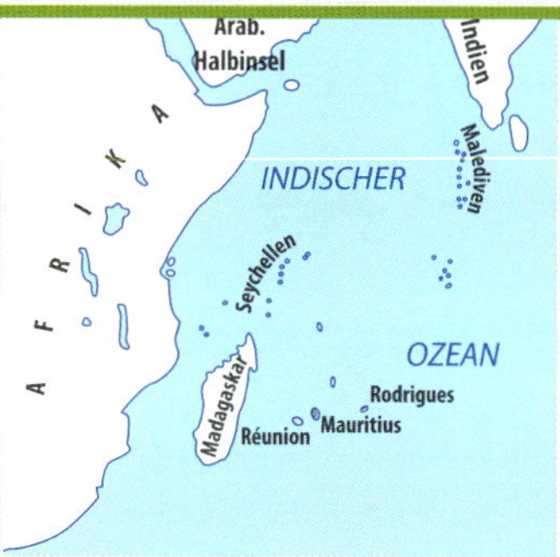

STECKBRIEF MAURITIUS & RODRIGUES

- **Staatsform:** Republik
- **Fläche:** 2045 km²
- **Bevölkerung:** 1,18 Mio. Einw.
- **Bevölkerungsdichte:** 651 Einw./km²
- **Bevölkerungszuwachs:** ca. 0,8 % pro Jahr
- **Amtssprachen:** Englisch und Französisch
- **Arbeitslosenrate:** 7,8 %
- **Währung:** Mauritius Rupee
- **Landesvorwahl:** 0 02 30
- **Zeitzone:** MEZ +4 Std. (während der europäischen Sommerzeit +3 Std.)

Lage und Landschaft

Zwischen dem 20. und 21. südlichen Breitengrad und ca. 900 km östlich von Madagaskar liegt die Inselgruppe der Republik Mauritius im Indischen Ozean. Zu ihr gehören neben der 1865 km² großen Hauptinsel die Inseln Rodrigues (108 km²) sowie mehrere Eilande. Entstanden sind sie vor über 8 Mio. Jahren durch gewaltige Vulkanausbrüche. Die im Laufe der Zeit zu bizarren Formen erodierten Vulkankegel erheben sich bis zu einer Höhe von 828 m (Piton de la Rivière Noire) oder ragen als Inselchen aus dem Wasser. Lavaflüsse bildeten Hochebenen und ließen die Insel nach Norden hin abflachen. Fast ganz Mauritius ist von einem schützenden Korallenriff umgeben; in der flachen Lagune herrschen ideale Bedingungen für Wassersport und Strandleben.

Staatswesen und Wirtschaft

Seit 1992 ist der Inselstaat Mauritius eine souveräne Republik mit stabiler Politik. Die Regierungsaufgaben liegen beim Premierminister und dem Kabinett, während der Staatspräsident repräsentative Funktion hat. Seit 2005 regiert eine Koalition aus MMM (Mauritian Militant Movement) und MSM (Militant Socialist Movement), seit Juli 2012 geführt von Präsident Rajkeswur Purryag, der Premierminister Navinchandra Ramgoolam wurde bereits 2010 im Amt bestätigt.

Seit der Unabhängigkeit im Jahr 1968 hat Mauritius eine beachtliche wirtschaftliche Entwicklung erlebt, die den Bewohnern einen relativ hohen Lebensstandard ermöglicht. Die Insel profitiert vom internationalen Tourismus – jährlich kommen etwa 965 000 Gäste, darunter ca. 55 000 Deutsche. Sie macht sich aber nicht allein von diesem Wirtschaftsfaktor abhängig.

Die Niederländer brachten 1650 die ersten Zuckerrohrsetzlinge nach Mauritius und schenkten der Insel damit eine leicht anzubauende, sturmresistente und nachwachsende Nutzpflanze, aus der ausgezeichneter Rum destilliert wird. Jahrzehntelang war Zucker wichtigstes Exportgut, heute werden auch Mais, Kartoffeln und Erdnüsse sowie verschiedene tropische Früchte zunehmend für den Export angebaut. Hinzu kommt die Produktion und Ausfuhr von hochwertigen Textilien und Elektrogeräten. Mit der Diversifizierung der Wirtschaft gelang es, die Arbeitslosenrate binnen 30 Jahren um zwei Drittel zu senken.

Natur

Früher bedeckten ausgedehnte Wälder die Insel, bevölkert von Riesenschildkröten, Krokodilen und einer Vielzahl an Vögeln. Seefahrer räuberten in Wald und Flur, setzten Schweine und Ziegen aus und führten Javahirsche und Wildschweine ein, die noch heute beliebte Jagdbeute sind. Von den Schiffen gelangten unvermeidlicherweise auch Ratten an Land und richteten großen Schaden in den Nestern der Vögel an. Der fortschreitenden Besiedelung und dem Schiffsbau fielen jahrhundertealte Urwaldriesen zum Opfer. Überreste der ehemals großen Ebenholzwälder finden sich beispielsweise im Nationalpark Gorges de la Rivière Noire.

Bunte Unterwasserwelt

Heute säumen schnell wachsende australische Kasuarinen *(Filao)* die Strände; Banyanbäume (Würgerfeigen) und Palmen wurden angepflanzt. Es gedeihen eingeführte Früchte wie Bananen, Brotfrucht, Mango, Papaya, Guave, Litschi und Ananas, die den ursprünglichen Inselbewuchs ersetzen. Den weitaus größten Teil der Insel nehmen Zuckerrohrfelder ein, die – anders als Baumwoll- und Kaffeepflanzen – auch tropische Stürme unbeschadet überstehen. Im Hochland um Bois Cheri gibt es einige Teeplantagen.

Auf Mauritius leben keine gefährlichen oder giftigen Tiere. Eingeführte Affen turnen durch die Waldgebiete um die Rivière Noire. Von der einst so vielfältigen Vogelwelt haben im Gegensatz zum Dodo › **S. 65** die unter Naturschutz stehende Rosa Taube und der Mauritius-Turmfalke *(Kestrel)* überlebt. Schnorchler und Taucher sind von der Unterwasserwelt begeistert; an manchen Stellen ist das Riff gut erhalten geblieben.

Geschichte im Überblick

10. Jh. Arabische Seefahrer landen auf Mauritius.

1511 Der Portugiese Domingues Fernandez betritt als erster Europäer die Insel.

1598–1710 Die Niederländer nehmen die Insel in Besitz und taufen sie zu Ehren des Prinzen Moritz von Oranien auf den Namen Mauritius.

1691–1695 Französische Hugenotten versuchen vergeblich, die Insel Rodrigues zu besiedeln.

1715 Kapitän G. Dufresne nimmt den begehrten Stützpunkt Mauritius für Frankreich in Besitz. Er wird in Ile de France umbenannt, erste Besiedlungsversuche starten 1721.

1735 Frankreich schickt Mahé de Labourdonnais als Gouverneur auf die Maskarenen. Der aktive und ideenreiche Mann begründet den Aufschwung in der Region.

1810 Im August gelingt es den Franzosen in der Schlacht am Vieux Grand Port, die angreifenden Briten zu besiegen. Im Dezember desselben Jahres unterliegen sie jedoch den Briten endgültig. Die Insel wird in Mauritius umbenannt.

1835 Befreiung der Sklaven; ihren Platz nehmen Lohnarbeiter aus Indien ein. Der Zuckerrohranbau boomt, und Port Louis entwickelt sich zu einer schmucken Kolonialstadt. Ende des 19. Jhs. dezimieren Cholera- und Malariaepidemien die Bevölkerung, Zyklone verwüsten die Insel, und ein Feuer zerstört den Großteil von Port Louis.

1958 Das uneingeschränkte allgemeine Wahlrecht wird eingeführt. Die Arbeiterpartei unter Sir Seewoosagur Ramgoolam erringt ihre ersten großen Erfolge.

1968 Großbritannien entlässt Mauritius in die Unabhängigkeit.

1976 Nach ersten Wahlen bleibt der 1969 zum Premierminister ernannte Sir S. Ramgoolam im Amt.

1992 Ausrufung der Republik.

1993 Port Louis wird Freihafen.

1995 Bei den Wahlen siegt die Mauritian Labour Party (MLP).

1999 Ausschreitungen zwischen der hinduistischen Bevölkerungsmehrheit und den Kreolen.

2002 Rodrigues erhält ein eigenes Regionalparlament.

2006 Viele Mauritier erkranken am Chikungunya-Fieber; die monatelange Epidemie gerät erst im Laufe des Jahres unter Kontrolle.

2008 Der Berg Le Morne im Südwesten wird von der UNESCO zum Weltkulturerbe ernannt.

2010 Im Mai gewinnt die Zukunftsalliaz *(Alliance de l'avenir)* unter Führung von Premierminister Ramgolaam erneut die Wahlen.

2011 Um der Inflation entgegenzusteuern, werden im Frühjahr Preise für Lebensmittel gesenkt.

2012 Präsident Sir Anerood Jugnauth tritt zurück, im Juli wählt die Nationalversammlung Rajkeswur Purryag zu seinem Nachfolger.

2013 Unter dem Meeresboden der Inseln wird ein Minikontinent entdeckt.

Die Menschen

Als die Niederländer 1598 Mauritius in Besitz nahmen, fanden sie ein unbewohntes Paradies vor. Auf den Sklavenmärkten von Ostafrika erstanden sie ab 1638 die für die Urbarmachung der Insel benötigten Arbeitskräfte, die unter menschenunwürdigen Bedingungen ihr Leben in der Fremde fristen mussten. Nach dem Verbot der Sklaverei und der Übernahme der Verwaltung durch die britische Krone wurden ersatzweise Tausende indischer Lohnarbeiter nach Mauritius gebracht. Aus Europa siedelten sich im Laufe der Jahre wohlhabende Familien an, aber auch Abenteurer und Entwurzelte, die eine neue Heimat suchten. So entstand allmählich ein buntes Kaleidoskop aller Hautfarben und Religionen.

Etwa 60 % der heute rund 1,18 Mio. Einwohner zählenden Bevölkerung ist indischer Abstammung (Hindus und Muslime). Die 20 000 Franco-Mauritier und 300 000 Kreolen, Nachkommen europäischer und afrikanischer Einwanderer, bekennen sich zum römisch-katholischen Glauben. Mauritier chinesischer Herkunft (ca. 6 %) sind meist Buddhisten. Im Vielvölkerstaat, wo Mischehen eher die Ausnahme bilden, ist die Toleranz jedoch so groß, dass die einen die Feste der anderen mitfeiern. Die Nachkommen der indischen Einwanderer pflegen traditionelle Zeremonien, die selbst im Herkunftsland in dieser Form oft nicht mehr praktiziert werden, z. B. die Geißelung mit Nadeln und Spießen zur Läuterung.

Mauritier sind mindestens dreisprachig. Die meistgesprochene Sprache der Insel ist Kreolisch. Im Gegensatz zu den offiziellen Sprachen Englisch und Französisch ist sie bis heute noch nicht verschriftlicht und wird auch nicht unterrichtet.

Das *Créole* der Bewohner von Rodrigues ist stärker französisch geprägt, da es auf der abgelegenen Insel weniger englische und indische Einflüsse gab. Viele Mauritier indischer Herkunft sprechen weiterhin Hindi, Urdu, Singhalesisch oder Tamil, einige Muslime beherrschen Arabisch oder Urdu.

Menschen aller Hautfarben leben auf Mauritius

Kunst, Kultur & Kunsthandwerk

Musik und Tanz

Den Sklaven waren eine eigene Religion, Feste, Tänze und vor allem Musik untersagt. Allenfalls heimlich trafen sie sich auf den Feldern oder am Strand, um zu tanzen und ihre Trommeln zu schlagen. So entstand die Séga, die heute im gesamten kreolischen Kulturraum verbreitet und auch bei Touristen sehr beliebt ist. Der Tanz ist ein Wechselspiel zwischen Mann und Frau, die einander hüftschwingend umwerben und zu temperamentvollen Soli aus der Gruppe hervortreten. Die Frauen tragen einen weiten, bunten Stufenrock und eine kurze Bluse, die die Taille freilässt. Die Männer treten in knielangen, engen Hosen und einem langärmeligen Hemd auf.

Séga-Tänzerin

Nachdem indische Musik und Tanz auf Mauritius nahezu in Vergessenheit geraten waren, erleben beide derzeit eine Renaissance. Tanzschulen unterrichten die traditionellen Tänze, und das Radioprogramm wird von indischen Melodien bestimmt.

Architektur

Viele prächtige Kolonialvillen sind inzwischen verfallen oder wurden von Zyklonen zerstört. Ihre Erhaltung ist aufwändig und kostspielig und wird oft privat finanziert.

Am besten lässt sich die typische Bauweise in den Museen Maison Créole Euréka › S. 74 und Chateau Labourdonnais nachvollziehen, in denen auch reichlich Mobiliar des 19. Jahrhunderts zu sehen ist. Ein charakteristisches Stilelement ist die umlaufende Veranda, die die Holzhäuser ebenso vor Regen wie vor zu starker Sonneneinstrahlung schützt.

Literatur

Mauritius kann zwar nicht auf eine lange Tradition von weltbekannten Literaten zurückblicken, dennoch hat es eine lebendige Schreibkultur. Voller Stolz verweisen die Menschen auf Schriftsteller wie Malcolm de Chazal, Marie Thérèse Humbert, Carl de Souza und den jungen Alain Gordon Gentil, die in ihren Werken oft historische und soziale Themen aufgreifen. Allgegenwärtig sind Paul und Virginie, die Hauptfiguren des gleichnamigen Romans von Bernardin de St. Pierre, der auf Mauritius spielt. Nobelpreisträger Jean-Marie Le Clézio, Geneviève Dormann und Loys Masson wohnen nicht mehr auf Mauritius, aber viele ihrer Romane spielen hier. Bücher in kreolischer Sprache gibt es kaum, auch in indischen Sprachen wird nur gelegentlich etwas veröffentlicht.

Die Ravane unterstreicht den Rhythmus der Séga

Zur Einstimmung oder als Strandlektüre empfehlen sich die Romane **Zaubervogel** (1992), **Ich bringe dir den Sturm** (1994) und **Die Gespielin** (1995) von Geneviève Dormann. Alle Romane spielen auf Mauritius oder Rodrigues und sind im Ullstein Taschenbuch-Verlag erschienen. Einen guten Einblick in die Eigentümlichkeiten von Mauritius liefert das Buch **Der Segatanz unter dem Flammenbaum** (2005, Picus Verlag) von Stefan Slupetzky sowie **Blue Bay Palace** von Nathacha Appanah (2011, Lenos Pocket). Die genannten Titel sind bis auf den letzten Titel nur noch antiquarisch erhältlich.

Malerei, Kunsthandwerk und Mode

In der Kunst überwiegt die Darstellung von fein ausgemalten Pflanzen- und Blütenmotiven sowie die naiven, farbenfrohen Darstellungen von Häusern und Szenen aus dem Alltagsleben. Tonangebend war der mauritische Maler Malcolm de Chazal (1902–1981). Verschiedene Galerien bieten Kunstdrucke seiner Werke und auch die Arbeiten vieler junger mauritischer Künstler an, darunter Max Boullée, Marcel Lagesse, Jac Desmarais, Hervé Masson und Véronique Leclézio. Ein breites Angebot findet sich in der Galérie d'Art in Port Louis. An mehreren Orten der Insel hat die Kunstliebhaberin Hélène de Senneville Galerien eröffnet (Port Louis, Grand Baie, Curepipe).

Regelrechte Kunstwerke sind die sorgfältig gearbeiteten, maßstabgetreuen Modellschiffe *(maquettes)*, die in verschiedenen Werkstätten nach historischen Vorbildern in Handarbeit entstehen. Die wertvollsten Exemplare werden in der größten Manufaktur in Goodlands gefertigt. In der internationalen Modewelt werden die Designer aus Mauritius immer gefragter. Ihre Entwürfe tragen zwar meist die Label bekannter Marken › **S. 76**, aber inzwischen gibt es auch einheimische Modemacher.

Feste & Veranstaltungen

Yaum un Nabi dient dem Gedenken an den Propheten Mohammed. Muslime begehen dieses Fest zwölf Tage lang mit Gottesdiensten; der Termin wird nach dem Mondkalender festgelegt. Gleiches gilt für **Eid el Adha** – an diesem islamischen Feiertag zu Ehren Abrahams, der Gott seinen Sohn opfern wollte, werden Lämmer und Schafe geschlachtet und verspeist.

Januar/Februar: Das **chinesische Neujahr** begehen die Sino-Mauritier in großem Spektakel mit einem Frühlingsfest. Bei Umzügen werden 15 Tage nach dem Neujahrstag Feuerwerke angezündet, um böse

SEITENBLICK

Die Blaue Mauritius – ein weltbekannter Irrtum

Das Jahr 1840 erlebte die Geburtsstunde der Philatelie, als in Großbritannien die Briefmarke eingeführt wurde. Sieben Jahre später sollte auf Mauritius die größte Sensation der Philatelie geboren werden: die Blaue und die Orange Mauritius. Stuart Brownrigg, der Postdirektor der damals britischen Kolonie, erteilte dem Graveur Joseph Osmond Barnard aus Port Louis den Auftrag, Druckplatten für eine One-Penny- und eine Two-Pence-Marke anzufertigen. Irrtümlich jedoch stichelte Barnard statt der üblichen Worte »Post Paid« »Post Office« neben das Konterfei der Queen und ließ jeweils 500 Exemplare drucken. 300 der One-Penny-Marken kaufte Lady Gomm, die Frau des Gouverneurs Sir William Gomm, um mit ihnen die Einladungen zu einem Ball zu frankieren.

Drei dieser Briefe sind bis heute erhalten. Insgesamt existieren weltweit noch 13 orangefarbene One-Penny- und 12 blaue Two-Pence-Marken. Je eine ziert den Umschlag eines bisher ungeöffneten Briefes, der 1993 für 2,5 Mio. Euro ersteigert wurde! Im gleichen Jahr erstand ein privates Konsortium für immerhin 1,5 Mio. Euro die einzige ungestempelte Orange und eine der letzten drei ungestempelten Blauen Mauritius, um ihnen einen würdigen Platz in ihrer Heimat zu sichern. Diese liegen jetzt im neuen Blue Penny Museum in Port Louis – hier wie im Postal Museum sind auch Kopien ausgestellt › **S. 72**.

Beim Holi-Fest der Hindus bespritzt man sich mit farbigem Wasser

Geister zu vertreiben, Drachen und Löwen tanzen durch die Straßen; **Ougadi** heißt dieses Drachenfest. Etwa zur gleichen Zeit wird **Cavadee,** das Büßerfest der Tamilen, mit Prozessionen und rituellen Waschungen begangen. Um sich zu läutern, fasten die Gläubigen schon Tage zuvor. Einige Prozessionsteilnehmer durchbohren Zunge und Wangen mit Nadeln, laufen mit nagelgespickten Holzpantinen und treten mit bloßen Füßen den Gang über glühende Kohlen oder scharf geschliffene Schwerter an.

Februar: Zu **Maha Shivaratree,** dem Hindufest, bewegt sich Ende des Monats die mit über 300 000 Pilgern größte Prozession des Jahres in die Berge zum heiligen See Ganga Talao (Grand Bassin), dessen Wasser alle Sünden abwäscht.

März: Holi heißt das Wasserfest der Hindus. Aus Freude über den Tod der Hexe Holika werden Strohpuppen verbrannt, es wird getrommelt, getanzt und übermütig farbiges Wasser verspritzt.

September: Am 9. September pilgern Christen zum Sarkophag des 1979 heilig gesprochenen Priesters **Père Laval** in der Kirche Ste-Croix im Nordosten von Port Louis. Der »Apostel von Mauritius« genannte Priester setzte sich für Sklaven, Kranke und Arme ein.

Oktober/November: Das hinduistische Lichterfest **Divali** gilt dem Sieg über die Finsternis, als Rama Ravana schlug und Krishna den Dämonen Narakasuran besiegte. Im ganzen Land leuchten Öllämpchen, Kerzen und bunte Glühbirnen. Kurz darauf ziehen Hindus zu **Ganga Asnan** mit Opfergaben an den Strand, um ein Bad im Meer zu nehmen. Da es auch das heilige Wasser des Flusses Ganges aufnimmt, glaubt man an eine reinigende Wirkung.

Mehrmals jährlich: Teemeedee nennen die Tamilen die Büßerfeste zu Ehren hinduistischer Gottheiten. Während dieser Zeremonien laufen Männer und Frauen barfuß über glühende Kohlen.

Essen & Trinken

Multikulti im kreolischen Kochtopf

Afrikanische, indische und orientalische Einflüsse vermischen sich in der kreolischen Küche, die mit ihren raffinierten Zutaten auch Gourmets begeistert. In den Kochtöpfen der Einheimischen sind die kulinarischen Einflüsse der verschiedenen Bevölkerungsgruppen spürbar. Chinesische gebratene Nudeln *Mine Frite* oder gekochte *Mine Bouille* sind ein beliebter Snack um die Mittagszeit. Frischer Fisch, lokales Gemüse, Geflügel und Fleischarten sowie Tomaten (von den Mauritiern *Pommes d'amour* bzw. Liebesäpfel genannt) und Gewürze wie Safran, Curcuma, Vanille oder die Gewürzmischung Massala finden sich in den traditionellen Gerichten wieder. Ziegenfleisch ist eine sehr herzhafte Spezialität. *Daube* bezeichnet ein soßenreiches Eintopfgericht, während *Rougail* für Fleisch mit einer Tomatensoße steht. *Cari* und *Vindaye* sind weitere Nationalgerichte, bei denen Fleisch in einer würzigen Soße serviert wird. Das Reisgericht *Biryani*, das einer Paella ähnelt, wird oft bei Festen angeboten. Geflügel wird auf Mauritius sehr geschätzt, ein beliebtes Gericht ist *Poulet au Massala*.

Zu den Grundbeilagen der kreolischen Küche gehören Reis, *Grains secs* (Bohnen bzw. Linsen), ein spinatähnliches Blattgemüse, *Brèdes* genannt, und *Chatini*, eine Tomaten-Chili-Mischung. Fangfrisch gekochte oder gegrillte Fische und Meeresfrüchte sind auch sehr beliebt. Auf Rodrigues schmeckt der einheimische Tintenfisch *Ourite* besonders lecker und wird in vielen Variationen angeboten. Im Allgemeinen ist die einheimische Küche

Erst-klassig

Die schönsten Restaurants und Lokale auf Mauritius

- Im Seafront-Restaurant **Les Canisses** (●●) hat man einen tollem Blick aufs Meer und den Sonnenuntergang. Gute Drinks und köstliches Essen bei gutem Service – am nördlichen Ortsausgang von Grand Baie. › **S. 78**
- Das **Le Pescatore** (Trou aux Biches) mit Meerblick, Terrasse und guter Weinkarte pflegt eine der besten Küchen von Mauritius. › **S. 78**
- In dem modern gestalteten Restaurant **La Table du Château** (●●●) im Park neben dem Museumsschloß Labourdonnais im Norden der Insel wird nach jahrhundertealter Tradition mauritisch gekocht und sehr appetitlich serviert, Tel. 266 95 33. › **S. 82**
- In einem stilvollen Kolonialhaus von 1819 serviert das freundliche Team des **Le Saint Aubin** (Rivière des Anguilles) mittags schmackhafte kreolische Menüs. › **S. 92**
- Das **Varangue sur Morne** (Chamarel) offeriert erlesene Inselspezialitäten mit Blick auf die gesamte Westküste. Das kreolische Menu im Table d'Hôte-Stil ist ein Genuss für Augen und Gaumen. › **S. 95**

Fangfrischer Fisch ist vor allem gegrillt ein Gedicht

zwar würzig, aber nicht zu scharf. Wer es etwas schärfer haben möchte, kann nach eigenem Ermessen frisch zubereitetes *Chatini* oder *Achards*, mit Safran gewürzten Rohkostsalat, hinzufügen. Die französische Küche hat nicht nur in den köstlichen Desserts ihre Spuren hinterlassen, sondern auch in feinen Soßen und beim täglich frischen Baguette, das bei den meisten Mahlzeiten gereicht wird.

Zu den besonderen Inselspezialitäten, die Touristen aber selten vorgesetzt bekommen, gehören Salat aus Palmenherzen, geräucherter Schwertfisch *Marlin,* Felsenaustern, *Cari* (Curry) vom Javahirsch, Babyfische *Bichiques,* geröstete Wespenlarven und Cari No. 2, hinter dessen Name sich Affencurry verbirgt.

Fruchtcocktails

Tropische Früchte sind unvergleichlich saftig und schmackhaft, die Hochsaison ist im Sommer, wenn die leckere Litschi-Frucht reif ist.

Probieren Sie aus dem reichhaltigen Angebot der Märkte doch einmal Tamarinden, Minibananen oder die kleinen roten Goyaves de Chine, die sie auch auf Wanderungen oder bei Ausflügen in den Wäldern finden können. Ananas von der Insel sind besonders süß und saftig, Mangos, Papayas und Bananen im Überfluss vorhanden. Viele dieser Früchte werden auch in leckeren *Punchs* und anderen Cocktails mit Rum verwendet.

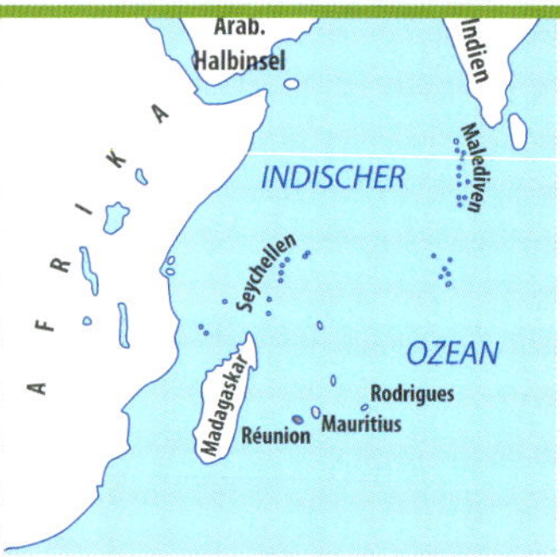

STECKBRIEF LA RÉUNION

- **Staatsform:** Französisches Übersee-Département (Département d'Outre Mer, DOM)
- **Fläche:** 2522 km²
- **Bevölkerung:** 820 000 Einw.
- **Bevölkerungsdichte:** 320 Einw./km²
- **Bevölkerungszuwachs:** ca. 1,5 % pro Jahr
- **Amtssprache:** Französisch
- **Arbeitslosenrate:** ca. 30 %
- **Währung:** Euro
- **Landesvorwahl:** 0 02 62
- **Zeitzone:** MEZ +3 Std. (während der europäischen Sommerzeit +2 Std.)

Lage und Landschaft

Wie Mauritius gehört auch die 170 km westlich gelegene Insel La Réunion zur Gruppe der Maskarenen. Vulkanausbrüche und Erosion haben ihr zerklüftetes Relief geformt. Zum Baden eignen sich nur wenige Strandabschnitte im Westen. In der Inselmitte erhebt sich der erloschene Vulkan Piton des Neiges (3069 m). Landschaftlich besonders reizvoll sind die drei ihn umgebenden riesigen Talkessel *(cirques)* von Cilaos, Mafate und Salazie. Der aktive Vulkan Piton de la Fournaise (2631 m) im Südosten brach zuletzt im Januar 2010 aus.

Zwischen den beiden Massiven erstrecken sich die Hochebenen Plaine des Cafres und Plaine des Palmistes. Mit ihrem Reichtum an immergrüner tropischer Vegetation wirkt diese Bergwelt bizarr und geheimnisvoll.

Natur

Réunion gleicht einem immensen botanischen Garten, der seinen Artenreichtum der Vielzahl von Mikroklimazonen verdankt. Hier wachsen Palmen, Bambus, Farne, Moose, Tamarinden, Orchideen und viele andere Blütenpflanzen. Die Pflanzen stammen meist aus Madagaskar und Afrika; Nutzpflanzen und zahlreiche Blumen wurden aus aller Welt eingeführt. Hervorragend wachsen Vanille, Tabak und Zuckerrohr, aus Geranien wird Parfümessenz gewonnen. Schnellwachsende japanische Fichten und Filaos sollen den Boden vor Erosion bewahren. Tropische Obstsorten gedeihen während des ganzen Jahres, ebenso Gewürze wie Pfeffer, Muskat, Koriander, Ingwer, Gewürznelken, Zimt und Kardamom sowie über 100 Heilpflanzen. In den Tieflagen mussten die Wälder dem Zuckerrohr weichen, dennoch ist die Insel noch immer mit viel Wald gesegnet.

Im März 2008 wurden die Gebiete um den Vulkan, die drei Talkessel, Grand Bassin, die Primärwälder und die Hochebenen offiziell zum »Nationalpark von La Réunion« erklärt. Er erstreckt sich im Landesinneren über eine Fläche von 1750 km², die sich in eine innere und eine äußere Zone unterteilt. Die Umwidmung zum Nationalpark dient dem Schutz der Flora und Fauna, die in diesem einmaligen Kultur- und Naturraum gedeiht. Im Jahr 2010 wurde die Insel von der UNESCO zum Weltnaturerbe erklärt, was die Bedeutung dieser einmaligen Landschaft noch mehr betont.

Spektakuläre Tiere gibt es an Land kaum, die Meeresfauna ist jedoch sehr artenreich. Viele Tierarten wurden bereits in vergangenen Jahrhunderten ausgerottet: Riesenlandschildkröten, Krokodile, der Dodo und weitere Vogelarten.

Verwaltung und Wirtschaft

Seit 1946 ist die Insel Réunion als Übersee-Département (Département d'Outre Mer, DOM) ein Verwaltungsbezirk Frankreichs. Ein Staatskommissar/Präfekt aus Paris vertritt die Interessen des Mutterlandes. Zwei lokale Gremien, der Generalrat *(conseil général)* und das Regionalparlament *(conseil régional)*, entscheiden über wirtschaftliche, soziale und kulturelle Fragen. Die Insel ist mit fünf Abgeordneten in der französischen Nationalversammlung und im Senat mit drei Senatoren vertreten.

Der Piton de la Fournaise ist sehr aktiv

Das sturmresistente Zuckerrohr beherrscht die Wirtschaft, obwohl der Anbau von Früchten den Erzeugern mehr Geld einbringt. Heute werden auf Réunion pro Jahr etwa 1,8 Mio. t Zuckerrohr geerntet, aus dem die Destillerien der Insel jährlich 17 000 Hektoliter Rum erzeugen. Auf einer Fläche von 2600 ha werden Vétivier- und Geranienpflanzen für die Parfümindustrie angebaut. Auch die wertvolle Bourbon-Vanille zählt zu den Exportgütern.

Von der Milch bis zum Weizenmehl müssen viele Lebensmittel und auch andere Konsumgüter eingeführt werden, entsprechend viele Menschen beschäftigt der Inselhafen Le Port. Ein wichtiger Arbeitgeber auf der Insel ist auch die Forstverwaltung. Mit Finanzhilfen und Entwicklungsprogrammen aus Frankreich hat sich Réunion in den letzten 20 Jahren stetig modernisiert.

Geschichte im Überblick

Anfang des 16. Jhs. Portugiesische Seefahrer entdecken die Insel.

1649 Die Franzosen annektieren die Insel und nennen sie nach dem Königshaus Ile Bourbon.

1735 Gouverneur Mahé de Labourdonnais lässt Straßen, Häfen und Befestigungsanlagen ausbauen.

1793 Der Name Ile de la Réunion wird eingeführt.

1796 Frankreich verlangt die Abschaffung der Sklaverei, doch die Réunionais halten sich nicht daran. Napoleon spricht 1802 den Einwohnern das Recht zu, weiterhin Sklaven zu halten. Zum Dank wird die Insel in Ile Bonaparte umbenannt.

1806–1810 Zyklone zerstören Häuser und alle Kaffeeplantagen. 1810 besetzen die Briten Réunion.

1814 Nach dem Friedensschluss in Paris verbleibt die Insel im Besitz Frankreichs.

Vanilleanbau in Bras Panon

1815 Mit dem vermehrten Anbau von Zuckerrohr beginnt die Ära der Zuckerbarone *(Gros Blancs)*.

1848 Die Insel erhält ihren Namen Ile de la Réunion zurück; endgültige Abschaffung der Sklaverei.

Um 1900 Anbau von Geranien zur Gewinnung von Parfümöl; der Vanille-Export steigt auf 20 t/Jahr.

1946–1948 Réunion wird Übersee-Département Frankreichs. Ein heftiger Zyklon auf der Insel fordert fast 200 Todesopfer.

1986–1989 Der Zyklon Clotilda verwüstet weite Teile der Insel. Besuch von Papst Johannes Paul II.

1991 Auf Grund von sozioökonomischen Spannungen kommt es zu Ausschreitungen in St-Denis.

1998–2006 Häufige Ausbrüche des Piton de la Fournaise.

2006 Viele Inselbewohner erkranken am eingeschleppten Chikungunya-Fieber, nach einigen Monaten sinkt die Zahl der Neuerkrankungen auf Null.

2007 Starker Ausbruch des Vulkans Piton de la Fournaise im April, Lava fließt bis ins Meer.

2008 Im Inselinneren wird im März ein Nationalpark eingerichtet.

2010 Im Juli erhebt die UNESCO große Teile der Insel zum Weltnaturerbe.

2011 Bei den Kommunalwahlen gewinnt die Sozialistische Partei.

2013 Im Januar fegt Zyklon Dumile über die Insel, es kommt zu Zerstörungen, mehreren Verletzten und einem Todesopfer.

Die Menschen

Fast die Hälfte der 820 000 Einwohner sind jünger als 20 Jahre. Nach dem Zweiten Weltkrieg verbesserten sich die Lebensbedingungen auf der Insel, und die Bevölkerungszahl verdoppelte sich innerhalb von 30 Jahren. Menschen aller Hautfarben haben sich zu einem Volk vermischt, das sich heute aus Nachkommen von indischen, chinesischen und europäischen Einwanderern oder afrikanischen Sklaven sowie aus Mischlingen zusammensetzt. In der Verwaltung, im Schul- und Gesundheitswesen arbeiten viele Franzosen aus dem Mutterland, die oft nur einige Jahre auf der Insel weilen.

Französisch ist die offizielle Amtssprache und im öffentlichen Leben überall verbreitet. Die Mehrheit der einheimischen Bevölkerung spricht jedoch im Alltag Créole, ein eigenständiges Idiom mit französischen Wurzeln und Adaptionen aus afrikanischen und europäischen Sprachen.

Alle Weltreligionen sind auf Réunion vertreten: Hinduismus, Christentum, Buddhismus und Islam; der größte Teil der Bevölkerung ist römisch-katholisch. Farbenfrohe tamilische Tempel stehen neben chinesischen Pagoden und prächtigen Kirchen. Die Inselbewohner tolerieren ihre andersgläubigen Nachbarn und nehmen sogar Anteil an deren Festen. Neben den großen Weltreligionen spielt der Aberglaube seit jeher eine wichtige Rolle.

In einer Bar in St-Pierre

Kunst, Kultur & Kunsthandwerk

Musik

Auf La Réunion sind verschiedene Musikrichtungen zu Hause, vor allem die Séga und die Maloya. Obwohl Popmusik, Rock, Zouk und Reggae auch hier viel gehört werden, hat die Insel innovative Musikgruppen hervorgebracht, die die überlieferten Musikstile bewahren und weiterentwickeln. So gibt es neben reinen Traditionsgruppen auch solche, die Tradiertes mit zeitgemäßer Instrumentierung kombinieren. Zu den beliebten Musikern zählen Ti-Fock, Danyel Waro, Baster, Ziskakan, Salem Tradition oder Ensemb' Zot.

Tanz

Die Menschen von Réunion tanzen überall dort spontan Séga, wo die Musik erklingt. Rhythmisch mit den Hüften schwingend bewegen sich die Tänzer mit- und umeinander im Takt. Die Maloya ist weniger melodisch, der Tanz nicht reglementiert. Einen wahren Aufschwung erfuhr in den letzten Jahren der Moring, ein an Kampfsport erinnernder Sklaventanz, bei dem die Männer ihre Kraft unter Beweis stellen. Ein ausgesprochenes Revival erleben auch indische Tänze, die in Tanzschulen unterrichtet werden. Die Gelegenheit, einer Tanzvorstellung beizuwohnen, sollte man sich nicht entgehen lassen.

Literatur und Theater

Wer als Literat über die Grenzen Réunions hinaus Erfolg haben möchte, muss französisch schreiben; kreolische Literatur verkauft sich nur lokal. International bekannt wurde im 19. Jh. der Dichter Leconte de Lisle. Er wurde in St-Paul geboren und begraben, lebte jedoch überwiegend in Paris. Axel Gauvin (geb. 1944) erhielt zahlreiche Auszeichnungen für seine Romane und Gedichte in kreolischer und französischer Sprache.

Séga-Tanzpaar

Die Theaterszene Réunions wird von einheimischen Komödianten beherrscht, die Sketche in kreolischer Sprache vortragen. Gelegentlich finden auch Gastspiele oder Aufführungen einheimischer Ensembles in französischer Sprache statt.

Buchtipps: **Axel Gauvin, Kindheitshunger** (1995, antiquarisch); **Wenn du aufwachst, bin ich da** (1997), beide Peter Hammer Verlag.

Architektur

Kreolische Häuschen *(cases créoles)*, weiß getüncht oder in fröhlichen Farben, prägen die Architektur. Ursprünglich waren sie einschließlich des Daches ganz aus Holz gebaut, die einfacheren mit Stroh gedeckt. Inspiriert von der Baukunst Indiens, Madagaskars und der karibischen Antillen entstand eine vielfältige Ornamentik aus Blättern, Blüten und geometrischen Mustern, die sich vor allem in den kunstvollen Dächern zeigt. Diese sind mittlerweile nicht mehr aus Stroh gefertigt, sondern aus Wellblech und mit weißen Girlanden *(lambrequins)* für den Dachabschluss verziert. Ein üppiger Garten gefüllt mit Blumen und tropischen Pflanzen, bewacht von einer Marienstatue in einem kleinen Schrein, umgibt das typische Haus.

Korbflechterin bei der Arbeit

Die kreolischen Villen *(villas créoles)* sehen mit ihren säulenbegrenzten Veranden sehr herrschaftlich aus. Zum zentralen Eingang führt eine Auffahrt, die oftmals mit Skulpturen oder griechischen Vasen geschmückt ist. Viele kreolische Villen und Häuser stehen inzwischen unter Denkmalschutz. Ein Komitee wacht über den Erhalt der letzten Originalbauten aus dem vergangenen Jahrhundert. In Hell-Bourg, Entre-Deux, Plaine des Palmistes, St-Pierre und in St-Denis kann man einige historische Villen bewundern.

Kunsthandwerk

Viele der auf Märkten angebotenen Produkte stammen aus Madagaskar, vom afrikanischen Festland oder aus Asien. Auf Réunion hergestelltes Kunsthandwerk ist oft teurer und zumeist auch hochwertiger. Viele Kleinkünstler und Betriebe erschaffen kleine und große Kunstwerke aus Leder, Holz, Körnern, Flechtmaterial, Zuckerrohr, Duftessenzen, Stoff, Edelmetallen und Papier. Eine gute Auswahl bieten das Kunsthandwerkerdorf Village artisanal in L'Eperon oberhalb von St-Gilles und die Galerie Artisanale im Carrefour-Einkaufszentrum an der Autobahn zwischen St-Denis und dem Flughafen. Auch in oder neben den Touristeninformationen, sowie auf Märkten werden oft lokal hergestellte kunsthandwerkliche Artikel zum Verkauf angeboten.

Feste & Veranstaltungen

Das ganze Jahr über wird auf Réunion irgendwo gefeiert. Es gibt viele religiöse Feste, aber auch ortsspezifische wie das **Vacoa- und Palmenfest** in Basse Vallée bei St-Philippe (August), das **Orchideenfest** in St-André (September) oder das **Blumenfest** in Le Tampon (Oktober). Katholische Feste und Hochzeiten werden ausgiebig gefeiert. Feste der hinduistischen Bevölkerung wirken exotisch und bunt; die Feiertage der muslimischen Bevölkerung werden, obwohl sie große Bedeutung haben, eher im Stillen begangen. Menschen aller Konfessionen treffen sich auf Dorffesten, bei denen man oft lokale Spezialitäten probieren kann.

Das tamilische Fest **Cavadée** mit eindrucksvollen Prozessionen in St-André dauert zehn Tage, der genaue Termin richtet sich nach dem Mondkalender.

Januar: die Hindus feiern Tempelfeste, bei deren Marche sur le feu einige mutige Festteilnehmer barfuß über glühende Kohlen gehen. Erst-! klassig

Februar: **Maha Shivaratree** wird von den Hindus mit rituellen Waschungen und einer farbenprächtigen Prozession begangen (St-Denis, St-André). In St-Denis und St-Pierre wird das **chinesische Neujahrsfest** gefeiert.

April: Auch beim **tamilischen Neujahrsfest** werden indische Tänze und Feuerläufe veranstaltet.

Juni/Juli: Zu **Pfingsten** besteigen Tausende Gläubige den Piton des Neiges, um an der katholischen Messe auf dem Gipfel teilzunehmen. Beim **Fest der Musik** gibt es Konzerte auf der ganzen Insel. St-Gilles-les-Bains feiert **Karneval**, gefolgt vom **französischen Nationalfeiertag** (14. Juli) mit Feuerwerk und Umzügen.

September/Oktober: Sportliche Ereignisse sorgen für Aufregung, so der Ultra-Cross-Lauf über die ganze Insel Le Grand Raid, bei dem Bewerber aus Erst-! klassig

SEITENBLICK

Marche sur le feu – spektakuläre Feuergänge

Im Rahmen des hinduistischen Tempelfests Pandialé finden die Feuergänge *la marche sur le feu* in den verschiedenen südindischen Tempelanlagen Réunions statt, hauptsächlich in der Zeit von Dezember bis Januar und im Juni/Juli. Nach 21-tägiger Fastenzeit und ritueller Waschung im Fluss zieht eine blumengeschmückte Prozession zum Tempel, wo der Priester und einige männliche Gemeindemitglieder über glühende Kohlen laufen. Daneben werden Nahrungsmittel und Tiere geopfert (nichts für schwache Nerven), und alle ehren die Göttin Pandialé, bitten um ihren Schutz und um Stärke. Die Feste finden nicht an festgelegten Tagen statt, man erfährt Orte und Termine durch Nachfragen bei Einheimischen, in Touristeninformationen oder gelegentlich auch durch die Presse.

Dipavali, ein tamilisches Lichterfest, wird in St-André gefeiert

aller Welt antreten, oder das **Wildwasserfest** in St-Benoît.

November: **Dipavali**, ein tamilisches Lichterfest mit Tanzvorführungen in St-André und anderen Orten.

Dezember: Am 20. Dezember wird alljährlich auf der ganzen Insel Réunion mit zahlreichen Straßenkonzerten das Fest zur **Sklavenbefreiung** gefeiert.

Essen & Trinken

Kreolische Küche à la Française

Europäische, afrikanische, chinesische und indische Einflüsse verleihen der kreolischen Küche Exotik und Raffinesse; frische Zutaten und Kräuter geben ihr die Würze. In den traditionellen Gerichten finden sich die lokalen Gemüse-, Geflügel- und Fleischarten sowie Gewürze wie Safran oder Vanille wieder. Der Ozean hält täglich frische Fische und Meeresfrüchte im Überfluss bereit. Die zwei Standardgerichte der kreolischen Küche heißen *Rougail* und *Cari.* Dabei handelt es sich um Eintöpfe (Currys) in einer Sauce aus Tomaten, Zwiebeln und anderen Zutaten, wobei der *Cari* weniger Sauce hat. Eine der exklusivsten Zutaten sind Palmenherzen, die zwar äußerst lecker sind, bei deren Verzehr man jedoch nicht vergessen sollte, dass eine ganze Palme dafür sterben musste.

Zu den Grundbeilagen gehören Reis, *Grains* (Bohnen oder Linsen) und *Rougail Tomate*, eine scharfe Tomaten-Chili-Mischung. Als kleiner Snack zwischendurch empfehlen sich *Samoussas,* gebackene Teigtaschen mit Fleisch- oder Gemüsefüllung, und *Bouchons*, chinesische Fleischbällchen im dünnen Teigmantel gedünstet. Zu den besonderen, seltenen Spezialitäten gehören Gerichte mit so ungewöhnlichen Zutaten wie *Baba Figue,* die Blüte der Bananenbäume, Babyfischchen *(Bichiques)* oder Wespenlarven.

Wer sich gern kulinarisch verwöhnen lässt, hat auf La Réunion die Qual der Wahl. Eine Vielzahl von Restaurants und Cuisines geben sich auf der Insel ein Stelldichein. Die meisten Restaurants bieten kreolische und chinesische Speisen an. Die Bezeichnung *métro* bedeutet französisch-europäische Küche (aus der Metropole). Daneben gibt es zahlreiche indische und italienische Restaurants. Sehr lohnend ist der Besuch in einem der feinen Restaurants, die französische Küche mit lokalen Einflüssen bereichern.

Erst-! klassig

Die schönsten Restaurants und Lokale in La Réunion

- Im **Le Reflet des Iles** (Saint Denis) genießt man authentische kreolische Küche und interessante Dessertkreationen. › **S. 116**
- Das **Le Saint-Gilles** (St-Gilles-les-Bains) lockt Gourmets an, die frische Meeresfrüchte und Fischgerichte schätzen. › **S. 121**
- Das **Le Vani-La** (Bras Panon) wird seinem Namen gerecht und verführt mit Spezialitäten rund um die Vanille. › **S. 132**
- Die Zauberformel der **L'Auberge Créole** (Ste-Anne) sind kreolische Gerichte und auch Ausflüge in die chinesische Küche. › **S. 133**
- **Le Makassar,** das Gourmetrestaurant des Palm Hotel & Spa mit Blick auf die Bucht Grand Anse, überzeugt mit neuer kreolischer und französischer Küche. › **S. 136**

Snacks, nicht nur für den kleinen Hunger zwischendurch

Eine ausführliche Restaurantliste findet sich in dem kostenlosen Heft RUN Guide, welches in Touristeninformationen erhältlich ist.

Salade des fruits

Réunion bietet eine große Auswahl an unvergleichbar saftigen und schmackhaften tropischen Früchten. Ganzjährig gibt es die aromatischen Minibananen, zuckersüße Ananas und blutorangerote Papayas; ausgefallener sind Tamarinden, Litschis, Longanis (ähnlich der Litschi, nur kleiner) oder die dunkelroten, stachelbeergroßen Goyavier-Früchte, von denen die Büsche entlang vieler Wanderwege nur so überquellen. Ein wichtiges Inselprodukt ist die qualitativ ausgezeichnete Vanille, Bourbon, die auch in vielen Gerichten verwendet wird.

Getränke

Aus dem aus Zuckerrohr gewonnenen Rum werden durch Zugabe von Kokos, exotischen Früchten oder Vanille leckere Punchs und stärkere Rhums arrangés hergestellt, am besten sind die hausgemachten *Punch maison*. In der Region um Cilaos wird dem Gast ein süßer Wein angeboten, eine Kuriosität. Der Wein dient aber lediglich dem Eigenbedarf und kann nur beim Erzeuger gekauft werden. Man schreibt ihm eine nachhaltig benebelnde Wirkung zu. Handelsüblicher Wein kommt entweder aus dem Mutterland Frankreich oder wird aus Südafrika importiert. Biertrinker sollten das beliebte *Bière Bourbon* mit dem Spitznamen *Dodo* probieren. Überall werden auch Limonaden und Mineralwasser angeboten.

Erst-! klassig

Rochester Wasserfälle
auf Mauritius

TOP-TOUREN AUF MAURITIUS, RODRIGUES UND LA RÉUNION

Mauritius: Der Norden und Osten

Das Beste!

- Ein Rundgang durch Port Louis › S. 71
- Abends ausgehen in Grand Baie › S. 78
- Ein Segeltörn zu den Inselchen im Norden › S. 80
- Den Botanischen Garten von Pamplemousses besuchen › S. 80
- Baden auf der Ile aux Cerfs › S. 84

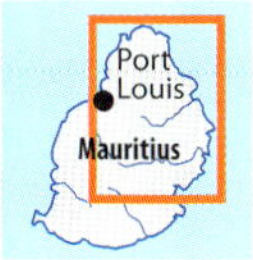

Lebhafte Urlaubsorte nahe der Inselhauptstadt Port Louis sowie abgelegene Traumstrände im Osten bieten reichlich Abwechslung.

Die meisten Urlauber zieht es in den **Norden**: Rund um die Ortschaft Grand Baie pulsiert das Leben Tag und Nacht. Aus kleinen Fischerdörfern haben sich lebendige Urlaubsorte mit einer breiten Palette an Einkaufszentren, Restaurants, Bars, Unterkünften, Unterhaltungs- und Sportmöglichkeiten entwickelt. Bootsausflüge auf die kleineren vorgelagerten Inseln Coin de Mire, Ile Plate, Ilot Gabriel und Ile d'Ambre mit ihren tollen Schnorchelrevieren starten von hier aus.

Der Norden ist mit seinen smaragdgrünen Buchten und Traumstränden die wärmste und sonnigste Gegend der Insel. Abseits der Ferienzentren Trou aux Biches, Mont Choisy, Grand Baie und Péreybère erhält man Einblicke in das ursprünglichere Mauritius. Ein Muss sind Ausflüge nach Pamplemousses in den bezaubernden Botanischen Garten mit Abstecher in das Zuckermuseum sowie eine Tour in die Inselhauptstadt Port Louis, die von Norden her gut zu erreichen ist.

Die Hafenstadt Port Louis präsentiert sich kosmopolitisch: Ein buntes Völkergemisch belebt die Straßen, Moscheen stehen neben Tempeln, Kirchen und Pagoden. Der Charme kolonialer Prachtbauten verzaubert, doch ebenso beeindruckend ist die postmoderne Architektur der Geschäftszentren.

Vom Wind umschmeichelt, liegt die **Ostküste** etwas abseits der Hauptrouten, auch wenn sich hier einige der schönsten Ferienanlagen und Golfplätze der Insel befinden. Endlose Strände, Trauminseln, Zuckerrohr, Felsen und Wälder: Entlang dieser Küste, die schon im 17. Jh. von den Holländern besiedelt wurde, erlebt man eine Synthese der verschiedenen Landschaften und Kulturen. Besonders untouristisch und wildromantisch zeigt sich die Küste zwischen Poste de Flacq und Poudre d'Or sowie südlich von Trou d'Eau Douce.

Traumstrand auf der Ile aux Cerfs

SEITENBLICK

Der Dodo kannte keine Feinde

Ein etwas plumper, truthahnähnlicher Vogel mit einem riesigen Schnabel lebte einst friedlich und ohne natürliche Feinde auf den unbesiedelten Inseln Mauritius, Rodrigues und Réunion. Wegen seines runden Hinterteils nannten die ersten niederländischen Seefahrer ihn Dodo. Da sich rasch herumsprach, wie schmackhaften der Vogel war, und er mit seinen Stummelflügeln nicht davonfliegen konnte, war er bald bis zum letzten Exemplar verspeist. 1681 soll der letzte lebend gesehen worden sein.

› Karte S. 68

Touren in der Region

Tour 6 Die Städte im Inselinneren

Tour-Übersicht:

Verlauf: **Port Louis › Eureka › Curepipe › Floréal › Vacoas › Quatre Bornes › Rose Hill › Beau Bassin › Port Louis**

Länge: 1 Tag

Praktische Hinweise:
Wegen der verwirrenden Streckenverläufe und fehlender Beschilderung in den städtischen Gebieten empfiehlt sich ein Wagen mit Fahrer.

Tour-Start:

Von Port Louis fahren Sie auf der Schnellstraße in die Universitätsstadt Moka und folgen den Schildern zur alten Kolonialvilla Eureka. Im nahen Museum ***Maison Créole Euréka** › S. 74 kann man das sehr schön renovierte Kolonialherrenhaus besichtigen.

Auf der Schnellstraße geht es vorbei an Phoenix, wo die großen Gebäude der Brauerei Mauritius Breweries ins Auge fallen, nach **Curepipe.** Die zweitgrößte Stadt der Insel (77 000 Einw.) lockt mit angenehmem Klima in 400 bis 600 m Höhe. Den Stadtkern dominieren markante Gebäude britischen Stils, und in den Vororten liegen elegante Villen in gepflegten Gartenanlagen. Curepipe bietet gute Einkaufsmöglichkeiten und Restaurants mit internationaler Küche. Empfehlenswert ist ein Stadtrundgang, der an der Markthalle mit ihrem großen Angebot an Obst und Gemüse beginnt. Gleich nebenan, gegenüber dem Rathaus, steht das populäre Bronzedenkmal für Paul und Virginie von Prosper d'Epinay. Auch die Kirche Ste.-Thérèse d'Avila mit imposanter Deckenkonstruktion lohnt den Besuch. Wer zum Shoppen anreist, sollte beachten, dass die Geschäfte in Curepipe donnerstags und sonntags am Nachmittag geschlossen sind.

Lohnenswert ist die Fahrt zum **Trou aux Cerfs,** einem erloschenen, kreisrunden Vulkankrater mit einem kleinen See im Schatten alter Bäume. Vom Kraterrand lassen sich die Stadt und ihre Umgebung gut überblicken.

Im Vorort **Floréal,** 3 km westlich von Curepipe, sollte man das Einkaufszentrum Floréal Square mit Café und interessantem Textilmuseum sowie das unterhalb liegende Shibani Center nicht versäumen. In diesem Ortsteil werden viele Strickwaren produziert. Von hier geht es über Vacoas nach **Quatre Bornes,** einer auf 300 m Höhe gelegenen Stadt, in der tagsüber viel los ist. Sonntags und donnerstags findet hier vormittags ein riesiger Kleidermarkt statt. Der Übergang in die Schwesterstädte Rose Hill und Beau Bassin scheint nahtlos, und zu Stoßzeiten geht es recht stockend voran. Über 250 000 Menschen le-

Erst-klassig

Die pittoreske Kirche Notre-Dame in Cap Malheureux

ben allein in diesem Ballungszentrum. Neben modernen Einkaufszentren findet man hier auch traditionelle Geschäfte. Schon Ende des 19. Jh. war diese Gegend ein beliebtes Rückzugsgebiet reicher Städter vor der Hitze der Küstengebiete. Einige schöne, alte Kolonialhäuser in den Nebenstraßen zeugen von dieser Zeit. In der Arab Town von Rose Hill erlebt man inseltypisches Flair mit kleinen Boutiquen im Basar-Stil. Von Beau Bassin führt die Straße A 1 zurück nach Port Louis.

Tour 7 Rund um die Nordspitze

Tour-Übersicht:

Verlauf: **Trou aux Biches › Grand Baie › Cap Malheureux › Goodlands › Pamplemousses › Pointe aux Piments › Trou aux Biches**

Länge: 1 Tag, 53 km
Praktische Hinweise:
Planen Sie genügend Zeit ein, denn es gibt auf dieser Rundfahrt viel zu besichtigen.

Tour-Start:

Von Trou aux Biches folgt man der Küstenstraße nach Norden bis zur **Pointe aux Canonniers** mit mehreren Hotels und Privathäusern, vorbei am beliebten öffentlichen Strand von Mont Choisy. Im Ort **Grand Baie** › S. 78 ist immer viel los – vor allem nachts –, tagsüber leuchtet jedoch die Bucht mit den vielen Booten besonders blau. Wer baden möchte, sollte den kleinen Strand von **Péreybère** › S. 78 aufsuchen.

Ab hier verläuft die Straße an den Mauern von Privathäusern vorbei bis nach **Cap Malheureux.** An der Nordspitze von Mauritius landete

1810 die britische Marine, um auf dem Landweg nach Port Louis vorzustoßen. Die direkt an der Küste gelegene Kapelle Notre-Dame Auxiliatrice mit ihrem knallroten Dach und den vorgelagerten ****Inseln Coin de Mire, Ile Plate** und **Ilot Gabriel** › S. 80 ist ein beliebtes Fotomotiv. An der Küste entlang geht es bis **Grand Gaube.**

Im Norden zeigt sich die Küste rauer als zuvor. Hier leben seit jeher Fischer. Auf Anfrage fahren sie hinüber zur **Ile d'Ambre**, die mit immergrünem Filaos bewachsen ist. In den flachen Gewässern zwischen der Küste und der kleinen Insel werden Austern gezüchtet.

Touren auf Mauritius

Tour 6

Die Städte im Inselinneren

Port Louis › Eureka › Curepipe › Floréal › Quatre Bornes › Port Louis

Tour 7

Rund um die Nordspitze

Trou aux Biches › Grand Baie › Cap Malheureux › Goodlands › Pamplemousses › Pointe aux Piments › Trou aux Biches

Tour 8

Wo der Hochlandtee wächst

Mahébourg › Bois Cheri › Grand Bassin › Mare aux Vacoas › Mahébourg

Tour 9

Durch den wilden Süden

Mahébourg › Rivière des Anguilles › Rochester Falls › Morne Brabant

Tour 10

Natur pur im Südwesten

Flic en Flac › Chamarel › Gorges de la Rivière Noire › Quatre Bornes › Flic en Flac

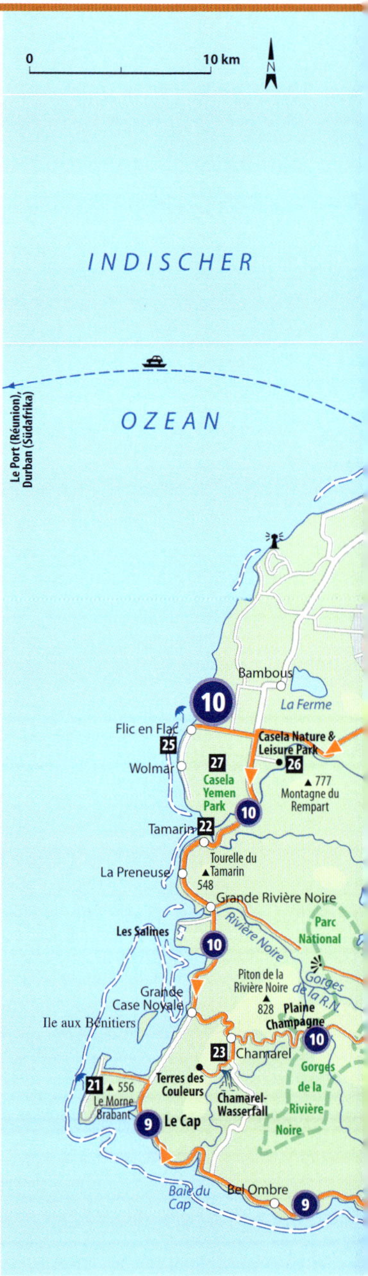

Ile Plate, Ilot Gabriel
Coin de Mire
Cap Malheureux
Cap Malheureux
Anse La Raie
Pointe aux Canonniers
Péreybère
Grand Gaube
Petit Raffray
Mont Choisy
Grand Baie
Trou aux Biches
Goodlands
Ile d'Ambre
Triolet
Belle Vue Harel
Labourdonnais
Poudre d'Or
Grande Pointe aux Piments
Mapou
Balaclava
Beau Plan
Rivière du Rempart
Roches Noires
Pamplemousses
Belle Vue Maurel
Amaury
Port Louis
Notre-Dame
L'Aventure
La Nicolière
Poste de Flacq
Pieter Both 823
Bon Accueil
Domaine Les Pailles
Centre de Flacq
Belle Mare Plage
812
Le Pouce
Moka
Belle Mare
Euréka
Beau Bassin
Moka
Le Réduit
Quartier Militaire
Trou d'Eau Douce
Rose-Hill
Ile de l'Est
Quatre Bornes
MONTAGNE BLANCHE
Beau Champ
Ile aux Cerfs
Pointe de la Batterie
Vacoas
Montagne Blanche
Grand Rivière Sud-Est
Floréal
Curepipe
Grand Rivière Sud-Est
Trou aux Cerfs
MONTAGNE BAMBOUS
Ylang-Ylang Distillery
Pointe du Diable
Montagne Lagrave 638
Kestrel Valley
La Marie
Naturpark Le Val
Montagne du Lion 480
Anse Jonchée
Mare aux Vacoas
R. des Créoles
Ferney
St. Hubert
Montagne de Creoles 369
Nouvelle France
Vieux Grand Port
Rose-Belle
Riche en Eau
Le Pétrin
La Flora
Mahébourg
R. la Chaux
Bois Chéri
Ile aux Aigrettes
Grand Bassin
Pointe d'Esny
Plaine Magnien
R. des Anguilles
R. du Poste
Blue Bay
L'Escalier
Rivière des Anguilles
Rochester Falls
Le Souffleur
St. Aubin
La Vanille
Surinam
Souillac
Riambel
Cap Gris Gris

Die Tour führt nun ins Landesinnere nach **Goodlands,** Heimat der Schiffsmodellwerkstatt Historic Marine. Ausstellung und Werkstatt verblüffen durch die Präzision, mit der die Modelle maßstabgerecht nachgebaut werden › S. 76. Von hier geht es in die kleine Küstensiedlung **Poudre d'Or.** Am felsigen Ufer erinnert ein Gedenkstein an den Untergang des Schiffes Saint Géran am 18. August 1744, auf dem die Liebenden Paul und Virginie ihr Leben verloren › S. 47. Landeinwärts fahren Sie durch schier endlose Zuckerrohrfelder nach **Pamplemousses** › S. 80, wo der ****Botanische Garten** und ein Zuckermuseum zur Erkundung einladen. Auf kleinen Nebenstraßen geht es über Moulin à Poudre nach **Balaclava** an die Küste. Außer in den Strandhotels ist hier nicht viel los. In der Baie aux Tortues, der Bucht vor den Hotels Maritim und Oberoi, liegen schöne Schnorchelgründe. Die Straße führt nach Norden zur Pointe aux Piments, dessen nach Süden verlaufender Sandstrand auch von Hotels gesäumt wird. Ab hier ist die Küste stärker von Lavafelsen durchsetzt, bis weiter nördlich der lange Sandstrand von Trou aux Biches beginnt.

Verkehrsmittel

- Port Louis hat zwei **Busbahnhöfe:** Busse nach Norden und Nordosten fahren von der Place de l'Immigration etwas nördlich des Zentralmarkts ab, Linien in die Inselmitte, den Süden und Südwesten beginnen an der Place Victoria gegenüber der Caudan Waterfront. Expressbusse sind oft nur unwesentlich teurer, aber viel schneller als die regulären Busse.
- Die **Passagierschiffe** *MS Mauritius Pride* und *MS Mauritius Trochetia* verbinden Port Louis mit La Réunion und Rodrigues › S. 26, 102.
- **Taxis** sind in großer Zahl vorhanden. Sie verfügen zwar in der Regel über ein Taxameter, weigern sich aber meist, dieses einzuschalten, und verhandeln den Preis lieber individuell oder halten sich an Listen mit festgelegten Tarifen zu bestimmten Zielen. Einigen Sie sich unbedingt vor Fahrtantritt auf den Preis. **Autofahrer** parken am besten auf den bewachten Parkplätzen (geringe Parkgebühr) an der Caudan Waterfront und erkunden die Innenstadt zu Fuß.

Wichtige Adressen

Mauritius Tourism Promotion Authority (MTPA)

Hier gibt es Infomaterial und die Broschüre »What's on in Mauritius«.

- Victoria House
- St. Louis Street | Port Louis
- Tel. 210-1545 | Fax 212-5142
- mtpa@intnet.mu
- www.tourisme-ilemaurice.mu
- Mo–Fr 9–16 Uhr

Ein zweites **MTPA-Büro** arbeitet am Sir Seewoosagur Ramgoolam International Airport.

- Tel. 637-3635
- www.airmauritius.com

Air Mauritius

- Air Mauritius Centre
- 5, President J. Kennedy Street
- Port Louis
- Tel. 207-7171

Unterwegs im Norden und Osten

Port Louis 1

Den Besucher von Port Louis erwartet kein verträumter Ort mit restaurierten Kolonialbauten, sondern eine brodelnde Hafenstadt mit dichtem Autoverkehr und geschäftigen Menschen. 140 000 Einwohner zählt die kosmopolitische Metropole im Nordwesten der Insel, täglich kommen zusätzlich Tausende zur Arbeit her. Dank des Hafens entwickelte sich die Stadt zu einem internationalen Handelszentrum und dem wichtigsten Arbeitsplatz der jungen Republik. Inmitten des Trubels lassen sich aber auch einige lauschige Winkel entdecken, die an vergangene Zeiten erinnern.

Geschichte

Die hufeisenförmige Bucht, durch eine Bergkette gut vor Passatwinden geschützt, bot die besten Voraussetzungen für einen Ankerplatz. Verständlich, dass hier die Segelboote der Piraten des Indischen Ozeans vor Anker gingen und die Ostindien-Gesellschaft Posten bezog. Aber erst die Übersiedlung des Gouverneurs Mahé de Labourdonnais von La Réunion nach Mauritius brachte 1735 den Aufschwung im Port Nord-Ouest, der später zu Ehren des französischen Königs Louis XV in Port Louis umbenannt wurde. Als Denkmal schaut der Gouverneur heute noch von seinem Sockel auf den Hafen der Stadt. Zyklone und Brände zerstörten große Teile von Port Louis, in den 1990er-Jahren entstanden moderne Verwaltungsgebäude und glitzernde Hochhäuser. Jeden Tag verstopfen Autos und Mopeds die im 18. Jh. rechtwinklig angelegten Straßenzüge der Stadt; auf den Bürgersteigen drängen sich die Menschen. Ab 18 Uhr allerdings wirkt Port Louis wie ausgestorben, nur an der Caudan Waterfront treffen sich die Nachtschwärmer.

Am Hafen entlang

Von pakistanischen und indischen Handwerkern Ende des 19. Jhs. errichtet, ist die ***Jummah-Moschee** Ⓐ

Auf dem Zentralmarkt kann man fast alles bekommen

heute wegen ihrer kostbaren Ausstattung vermutlich das wertvollste historische Bauwerk der Insel. Ohne Schuhe dürfen Fremde den Vorhof betreten und einen Blick in die Gebetshalle werfen.

Erst-klassig

Rund um die Rue Dr-Sun-Yat-Sen, etwas nördlich der Moschee, liegen die engen Gassen des Chineseniertels. Im Erdgeschoss der Häuschen aus der Zeit um 1900 befinden sich kleine Läden, wo mit Lebens- oder Arzneimitteln, Schmuck oder Elektrogeräten gehandelt wird; viele Restaurants servieren authentische asiatische Köstlichkeiten zu günstigen Preisen.

1

Der **Zentralmarkt** B ist Treffpunkt und Umschlagplatz für Informationen. Hier kann man das lokale Warenangebot für die tägliche Versorgung in Augenschein nehmen und neben Obst und Gemüse, Fleisch, Geflügel und Fisch, Gewürzen und Tee auch Lederwaren, Körbe, Kleidung und Spielzeug sowie andere Souvenirs erstehen (Mo–Sa 6–18, So 6–12 Uhr; am besten frühmorgens).

Seien Sie vorsichtig mit Geld und Wertgegenständen – der Markt ist beliebtes Terrain für Taschendiebe.

Neben dem schönen Steingebäude der alten **Hauptpost** C (Quay Street), gegenüber vom Markt, befindet sich das kleine **Postal Museum** mit einer Briefmarkensammlung (auch Kopien der Blauen und Orangen Mauritius), geöffnet Mo bis Fr 10–16, Sa 10–11.30 Uhr.

Südlich des Hafens lockt die moderne **Caudan Waterfront** D Einheimische wie Touristen an (www.caudan.com). Der Komplex im Kolonialstil ist das postmoderne Prunkstück der Hauptstadt mit zahlreichen Geschäften, Restaurants, Kinos, einem Kunsthandwerkszentrum und Kasino sowie einem Luxushotel (› **S. 73**). Das hier angesiedelte **Blue Penny Museum** zeigt seltene Briefmarken, darunter die berühmte Blaue und Orange Mauritius › **S. 48**, sowie Exponate zur Geschichte der Insel (Mo–Sa 10 bis 17 Uhr).

Südlich des Hafens

Der **Regierungspalast** E ist das älteste noch erhaltene Gebäude auf der Insel. Die prächtigen Räume werden nur bei Staatsempfängen genutzt. Das Marmorstandbild vor dem Government House stellt Queen Victoria dar. Das neoklassizistische **Stadttheater** F mit dem Säulenportal erlebte während der Kolonialzeit glanzvolle Jahre. Derzeit wird es gelegentlich für Tanzvorführungen und Theaterstücke in kreolischer Sprache genutzt. In der nahen Vieux Conseil Street belegen die Aufnahmen im **Musée de la Photographie,** wie die Stadt vor 100 Jahren aussah. Die große Sammlung umfasst auch Kameras, Negative und Daguerreotypien (Mo–Fr 9 bis 15 Uhr). Im kleinen **Jardin de la Compagnie** fällt ein altes Gebäude mit einer von Säulen flankierten Loggia auf, das **Mauritius Institute.** 1880 als Kulturzentrum errichtet, beherbergt es heute im Erdgeschoss das **Natural History Museum** G (Naturhistorisches Museum). Präparierte einheimische Vögel und Fische, eine Nachbildung des Dodo › S. 65 und Schmetterlingssammlungen vermitteln einen Überblick über die Inselfauna (Mo, Di, Do, Fr 9–16, Sa/So 9–12 Uhr).

Stadtauswärts Richtung **Pferderennbahn** (Champ de Mars) steht die katholische **St-Louis-Kathedrale** H, die älteste Kirche der Stadt. In dem eher unscheinbaren grauen Gebäude wurden die Frau und der Sohn des Gouverneurs Mahé de Labourdonnais beigesetzt. Über der Stadt thront die 1834–1840 von den Briten errichtete Zitadelle **Fort Adélaide** I. Von hier genießt man einen fantastischen Blick über die ganze Stadt und die umliegenden Berge. Das Innere ist nicht zugänglich.

Hotels

Le Suffren Hotel & Marina ●●–●●●

Modernes Stadthotel am Hafen. 100 geräumige Zimmer, Bar, Restaurant und Pool.

- Le Caudan
- Tel. 202 4900
- www.lesuffrenhotel.com

Labourdonnais ●●●

Elegantes Businesshotel an der Caudan Waterfront, 109 im Empire-Stil ausgestattete Zimmer.

- Caudan Waterfront
- Tel. 202-4000
- www.labourdonnais.com

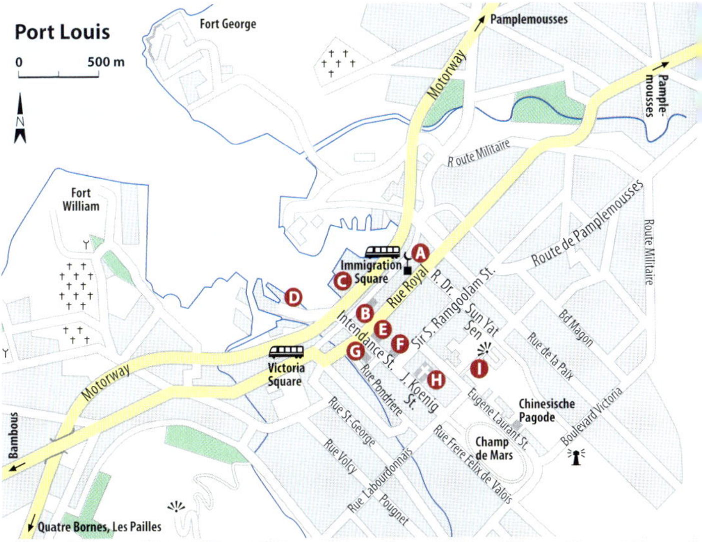

A Jummah-Moschee
B Zentralmarkt
C Hauptpost
D Caudan Waterfront
E Regierungspalast
F Stadttheater
G Natural History Museum
H St-Louis-Kathedrale
I Fort Adélaide

Restaurants

Grand Canton Restaurant ●●

China-Restaurant mit lokalem Flair und vorzüglicher asiatischer Küche ohne Tamtam. Mittags köstliche Dimsum.

- Queen Street
- Tel. 217-3715
- Tgl. mittags und abends

Café du Vieux Conseil ●●

Nettes Restaurant mit Snacks und kreolischen Gerichten, herrlicher Garten.

- Vieux Conseil Street
- Tel. 211-0393
- Nur Mittagstisch, Sa/So geschl.

La Bonne Marmite ●●

Indische, europäische und kreolische Gerichte in einem Kolonialhaus.

- 18, Sir William Newton Street
- Tel. 212-4406
- Sa/So geschl.

Shopping

Einkaufszentren Caudan und Dias Pier Waterfront

Beste Auswahl an Musik, Literatur, Schmuck, Kunst, Kleidung › **S. 76.**

- Am Hafengelände

Tulsidas Fils

Seide in Hülle und Fülle sowie indische Saris. Filiale im India Handloom House (Baroda Bank, Tel. 208-4484).

- 41, S. Rangoolam St.
- Tel. 240-2672

Nightlife

Le Caudan Waterfront

Dank der Kinos und Restaurants sowie des Kasinos ist hier abends Betrieb.

- Am Hafengelände
- www.caudan.com

Ausflug zur Domaine Les Pailles 2 und nach Euréka 3

Südlich von Port Louis, am Fuß der Mokaberge, liegt die **Domaine Les Pailles.** Auf dem Areal wurde ein Freilichtmuseum im Stil einer alten Plantage errichtet. Per Geländewagen gelangt man hinauf in die Berge, um Hirsche und Affen zu beobachten. Pferde stehen für Ausritte bereit; ein kleiner Zug fährt zur Zuckermühle und historischen Rumdestillerie; das Maskenmuseum zeigt Exponate aus aller Welt. In Spezialitätenrestaurants wird man kulinarisch verwöhnt, abends öffnet ein Kasino seine Tore (tgl. 9 bis 17 Uhr, Tel. 212-4225 auch für Reservierungen in den Restaurants).

2

Im nahen Kolonialhaus ***Maison Créole Euréka** lohnt ein Blick in die stilvoll eingerichteten Räumlichkeiten. Wer zum Teetrinken auf der schattigen Veranda mit ihren zierlichen Holzsäulen verweilt, kann gut nachempfinden, wie die wohlhabenden Plantagenbesitzer einst gelebt haben. Ein Restaurant sowie Verkaufsstände mit Briefmarken und Gewürzen gehören zum Museum (Tel. 433-8477; geöffnet Mo–Sa 9–17, So 9–15.30 Uhr, www.maisoneureka.com).

Zwischenstopp: **Restaurants**

Indra ●●●

Erst-! klassig

Indische Küche vom Feinsten, sehr ansprechende Dekoration und guter Service. So geschl.

- Domaine Les Pailles
- Tel. 286-4225

Von dort kann man weiterfahren nach **Moka** 4, wo sich die Universität von Mauritius befindet. Der ehemalige Gouverneurspalast **Le Réduit** (1778 erbaut) westlich der Stadt ist jetzt Sitz des Staatspräsidenten und so haben bei Staatsempfängen nur geladenen Gästen Zutritt. Entgegen langjährigen Gepflogenheiten kann das Gelände nur noch einmal im Jahr besichtigt werden.

Trou aux Biches 5

Rund um den Ort und weiter bis Grand Baie reihen sich Hotels und Bungalowanlagen aneinander. Die in der Lagune ankernden Boote gehören zum zweitgrößten Sportfischerklub der Insel, Le Corsaire (Tel. 265-5209).

Erst-! klassig

Ein langer Sandstrand mit Schatten spendenden Kasuarinenhainen erstreckt sich von Trou aux Biches 6 km nach Norden bis **Pointe aux Canonniers;** am Wochenende ist der öffentliche Strand von Mont Choisy ein besonders bei Familien beliebter Picknickplatz.

Hotels

The Oberoi ●●●

Erst-! klassig

Intimes Boutiquehotel in wunderschöner Lage mit Top-Service und breitem Wellness-Angebot, sehr gute Küche.

- Pointe aux Piments
- Tel. 204-3600
- www.oberoihotels.com

Maritim ●●●

First-Class-Hotel im mauritischen Stil an einer reizvollen, abgelegenen Bucht; große Poollandschaft, umfangreiches Sportangebot, Health-Center, elegante Ladenzeile, deutsche Leitung.

- Balaclava/Terre Rouge
- Tel. 204-1000
- www.maritim.de

Blick vom Hausberg Pouce auf Port Louis

Récif Attitude ●●

70 modern gestaltete Zimmer, teilweise auf zwei Etagen, Pool, ideal für Familien.

- Pointe aux Piments
- Tel. 261-0444
- www.lerecif.com

SEITENBLICK

Bergtouren

Geübte Wanderer lockt unweit von Port Louis der 812 m hohe **Pouce.** Auf einem guten Pfad erreicht man von der Vallée du Pouce südlich der Hauptstadt in ca. 3 Std. den Gipfel. Den markanten Nachbarberg **Pieter Both** (823 m) sollte man wegen einiger riskanter Kletterstellen besser mit einem Bergführer erklimmen. Anfragen über Connections, Crater Lane, Floréal, Tel. 696-9933, www.connections.mu (Reiseunternehmen mit dt. Leitung, organisiert auch Ausflüge und Kombireisen nach Réunion).

SPECIAL

Wohlfeile Schnäppchen

Im Einkaufsparadies Mauritius kann man seine komplette Garderobe mit Markenware aufstocken, die um die Hälfte günstiger ist als in Europa. Als Souvenirs beliebt sind Schiffsmodelle historischer Segler *(maquettes)* und Schmuck.

Schiff ahoi

Der Stolz des Kunsthandwerks sind die nach Originalplänen gebauten Schiffsmodelle. Die ersten Kunstwerke von José Ramar entstanden um 1960. Heute bekommt man Modelle jeder Größe und Qualität. Von organisierten Fahrten ist abzuraten, da die Führer die Werkstätten nach Höhe der Kommission auswählen.

Besonders hochwertig sind die Modelle aus der **Manufaktur Historic Marine** in Goodlands (Tel. 283-9404, Mo–Fr 9–12, 14–17 Uhr, Sa, So 9–12 Uhr, Eintritt kostenlos; www.historic-marine.com). Man kann bei der Arbeit zusehen. Größere Schiffsmodelle dürfen nicht bei jeder Fluggesellschaft ins Handgepäck. Informieren Sie sich über die Beförderungsbedingungen.

Anzug nach Maß

Binnen 48 Stunden kann man sich einen Maßanzug schneidern lassen, z. B. bei **Karl Kaiser, Cotton Club** oder **House of Caustat** (in den Einkaufszentren). Geschäfte mit Duty-Free-Aufkleber sind nicht immer günstiger. Zum Einkaufen muss man Reisepass und Flugticket zeigen.

Mode und Accessoires

Namhafte Designer wie Cerruti, Max Mara, Karl Kaiser (in Europa Hugo Boss) lassen Teile ihrer Kollektionen hier fertigen. Achten Sie auf die Verarbeitung und handeln Sie, denn die Preise sind oft flexibel.

Shopping-Adressen

- **Caudan Waterfront**
  Einkaufs- und Vergnügungscenter mit Handwerk und allen großen Marken.
  Port Louis
  Mo–Sa 9.30–17.30 Uhr,
  So und Fei 9.30–12.30 Uhr
- **Sunset Boulevard**
  Offene, schöne Mall mit Mode, Lederwaren, Schmuck und Kunsthandwerk.
  Grand Baie
  Tgl. 9–18 Uhr
- **Phoenix les Halles**
  Einkaufszentrum mit Geschäften für Bekleidung, Schmuck und mehr.
  Pont Fer, Phoenix
  Mo–Do 9.30–20, Fr, Sa 9.30–21,
  So und Fei 9.30–14 Uhr
- **Floréal Square**
  Gute Shops und Textilmuseum.
  Pont Fer, Phoenix
  Mo–Fr 9.30–17.30, Sa bis 16 Uhr
- **Floréal Boutique**
  Factory Shop des weltweit zweitgrößten Lambswool-Labels.
  Floréal Road
  Mo–Fr 9.30–17, Sa 9.30–13 Uhr
- **Kleidermarkt am Busbahnhof von Quatre Bornes**
  Mode, Bettwäsche, Taschen.
  Do und So 6–18 Uhr

Restaurants

Le Pescatore ●●●

Erst-! klassig

Feinschmeckerlokal mit mediterran angehauchter Fischküche direkt am Meer.

- Trou aux Biches
- Tel. 261-6337

1972, da Antonio e Giulia ●●

Autentische, frisch zubereitete italienische Küche in einem kleinen Restaurant an der Coastal Road – vom Eigentümer selbst liebevoll zubereitet.

- Trou aux Biches
- Tel. 265-7400

Shopping

Galerie Hélène de Senneville

Hier lassen sich Bilder einheimischer Künstler erstehen.

- Royal Road | Pointe aux Canonniers
- Tel. 263-3122

Katundu

Afrikanisches Kunsthandwerk.

- Royal Road | Pointe aux Canonniers
- Tel./Fax 263-8544

Grand Baie 6 und Péreybère 7

Grand Baie ist der bekannteste Ort im Norden der Insel und liegt an der gleichnamigen breiten Bucht. Sie ist ein beliebter Ankerplatz für Weltumsegler, aber auch Landratten, die ein wenig Trubel suchen, zieht es hierher. Grand Baie versammelt mehr Restaurants, Cafés und Boutiquen als jeder andere Ort auf Mauritius; die Diskotheken und Bars sind bis zum frühen Morgen geöffnet. Strandfreuden pur verspricht die traumhafte Bucht La Cuvette im Norden. Ein besonderes Erlebnis sind zudem die Unterwasserspaziergänge › S. 33. Einen anderen Akzent setzt der 2001 fertiggestellte Hindutempel im Norden des Ortes.

Erst-! klassig

Erst-! klassig

Wer es gerne etwas ruhiger und familiärer hat, der logiert in **Péreybère,** nur 2 km nördlich von Grand Baie. Hier befinden sich kleine Restaurants, Boutiquen und ein beliebter öffentlicher Strand. Je weiter man nach Norden fährt, desto ruhiger wird es.

Hotels

Royal Palm ●●●

Hochkarätiges Refugium der internationalen Prominenz mit diskretem, persönlichen Service. Feinkörniger Sandstrand, Gourmetrestaurant, Bar und wunderschöner Wellnessbereich.

Erst-! klassig

- Grand Baie
- Tel. 209-8300
- www.beachcomber-hotels.com/royal-palm-hotel.php

Baystone Boutique Hotel & Spa ●●●

Kleine Anlage im modernem Design am Strand der Pointe aux Cannoniers, Top-Service und excellente Küche.

- Grand Baie
- Tel. 209-1900
- www.baystone.mu

Le Mauricia ●●–●●●

Bei Familien und Nachtschwärmern beliebtes Ferienhotel mit buntem Unterhaltungsprogramm und All-inclusive-Konzept. Mit schönem kleinem Sandstrand, riesigem Pool und Miniclub.

Die Bucht von Grand Baie bietet viele Wassersportmöglichkeiten

- Grand Baie
- Tel. 209-1100
- www.beachcomber-hotels.com/le-mauricia-hotel.php

Veranda Grand Baie ●●
Ruhiges Bungalowhotel mit über 90 Zimmerns in tropischer Gartenanlage am Nordrand des Ortes.

- Tel. 209-8000
- www.veranda-resorts.com

Hibiscus Beach Resort & Spa ●●
Gemütliche Zimmer direkt am Strand. Dazu ein Garten mit Pool, Restaurant am Strand, Snackbar, Wassersportangebote und Abendunterhaltung. Tauchclub, gutes Essen.

- Péreybère
- Tel. 263-8554
- www.hibiscushotel.com

Péreybère Hotel & Apartments ●–●●
Einheimische Mittelklasse-Anlage mit gutem Service direkt am Strand nahe der Restaurants und Boutiquen.

- Péreybère
- Tel. 263-8320
- www.pereyberehotel.com

Restaurants

Chez Ram/Restaurant Coolen ●●
Eine Institution: Authentische kreolische Küche im Zentrum des Ortes. Frische lokale Ingredienzen, gute Portionen. Spezialität: Fisch und Meeresfrüchte.

- Grand Baie
- Tel. 263-8569

Blue Lagoon Café ●
Mauritische Fast Food mit Snacks, Hamburgern, Eis und nettem Frühstücksangebot nahe der Polizeistation. Viele Einheimische.

- Grand Baie
- Tel. 631-9046

Le Tanjore ●●
Erstklassige indische Küche, viele Einheimische Gäste.

- Im Ventura Hotel
- Grand Baie
- Tel. 263-6030

› Karte S. 68

Le Capitaine ●●

Erst-klassig

Romantisch gelegenes, beliebtes Terrassenlokal am Meer; hier gibt's vor allem Fisch und Meeresfrüchte.

- Grand Baie
- Tel. 263-6867

Sunset Café ●●

Terrasse mit schönem Blick auf den Jachthafen; gutes Frühstück, Snacks und Desserts, leckere Cocktails.

- Grand Baie
- Tel. 263-9602

La Pagode ●

Open-Air-Lokal im Zentrum mit chinesischen Speisen.

- Grand Baie
- Tel. 263-8733

Nightlife

Erst-klassig

- Wer gerne tanzt, fühlt sich im angesagten **Zanzibar Night Club**, in der angrenzenden Bar Banana Beach Club, im **Godfather Club** oder **N Gyone Dance Bar** im Zentrum von Grand Baie wohl.
- Auch in der **Beach House Bar** direkt am Strand wird getanzt.

Shopping

Agency Craft Shop

Schönes Kunsthandwerk.

- Royal Road
- Tel. 263-5423

Vaco Art Gallery

Farbenfrohe Bilder, Schmuck- und Keramikarbeiten des bekannten einheimischen Malers Vaco Baissac.

- Dodo Square
- Tel. 263-3106
- vacoartiste.com

Ausflug: Bootstour auf die **Inseln im Norden

3

Beliebt sind Tagesausflüge inklusive Picknick zu den vorgelagerten unbewohnten Inseln – sei es auf einer Segeljacht, mit dem Katamaran oder einem Motorboot. Während die steilen Felsklippen von **Coin de Mire** eine Landung nicht zulassen, sind die feinsandigen Badeinseln **Ile Plate** und **Ilot Gabriel** einen Besuch wert, und im warmen Meerwasser zwischen ihnen kann man herrlich schnorcheln.

Die Überfahrt dauert ca. 2 Std., es kann sehr wackelig werden. Schützen Sie sich vor Seekrankheit! Informationen bei den Reiseveranstaltern › **S. 26**.

Pamplemousses 8

Die kleine Stadt hat eigentlich wenig zu bieten, wäre sie nicht Heimat des berühmten Botanischen Gartens und des modernen Zuckermuseums in einer ehemaligen Zuckerraffinerie.

4

Der ****Botanische Garten** von Pamplemousses mit seiner ungeheuren Vielfalt an Palmen und tropischen Zierpflanzen ist für Botaniker eine wahre Schatzkammer und lockt viele Besucher hierher (tgl. 8.30 bis 17.30 Uhr). »Mon Plaisir« nannte Mahé de Labourdonnais seinen Landsitz, auf dem er Gemüsegärten anlegen und sich ein Schlösschen bauen ließ, das heute noch zu bewundern ist. Es steht unter Denkmalschutz und wird nur hin und wieder bei Staatsempfängen geöff-

Der Botanische Garten in Pamplemousses – nicht nur für Botaniker ein Dorado

net. In seiner Nähe leben in einem Gehege einige riesige Aldabraschildkröten.

1774 übernahm die Ostindien-Kompanie das Gelände und ließ Maulbeerbäume anpflanzen, um Seidenraupen zu züchten – wenig erfolgreich, wie sich bald herausstellte. Der eigentliche Gründer des Botanischen Gartens, der Inselintendant Pierre Poivre, übernahm schließlich das Gelände in seinen Privatbesitz und begann systematisch, tropische Pflanzen zu sammeln. Von seinen Reisen nach Indien, China und zu den Philippinen brachte er Bäume, Zier- und Gewürzpflanzen mit, kultivierte sie erfolgreich in Pamplemousses und durchbrach mit Pfeffer und Muskatnüssen Anfang des 19. Jhs. das niederländische Gewürzmonopol. Ein kunstvolles schmiedeeisernes Tor ziert den Eingang in Richtung Innenstadt. Das weiße Tor war ein Geschenk des Franzosen François Liénard de la Mivoie, ein handwerklich einzigartiges Exemplar, das 1862 eigens nach London geschafft und dort auf der Weltausstellung ausgezeichnet wurde.

Da die Pflanzen nicht gut gekennzeichnet sind, ist eine GEFÜHRTE TOUR zu empfehlen. An den Eingängen warten Führer mit Lizenz, die Preise sind festgesetzt.

Auf dem nahen Gelände der einstigen Zuckerraffinerie von **Beau Plan** erhält man im modernen, interaktiven Museum L'Aventure du Sucre einen guten Eindruck von der Verarbeitung des für Mauritius so typischen Zuckerrohrs (www.adventuredusucre.com, tgl. 9–17 Uhr).

Erst-klassig

In der Nähe des Ortes lockt noch eine traditionelle Villa mit Museum und Restaurant:

Zwischenstopp: **Restaurant**

La Table du Château ●●●
Vorzügliches Restaurant in wundervoll renoviertem kreolischen Herrenhaus »Labourdonnais, un chateau dans la nature« mit antik möblierten Räumen inmitten eines riesigen Gartens. Beim Gang durch die Anlage kann man einheimische und importierte, exotische Pflanzen, ein paar Schildkröten und eine kleine Rumdistillerie entdecken. Das Anwesen überzeugt ebenso wie die Küche (› **S. 51**).

- Tel. 266-9533
- unchateaudanslanature.com

5 Ausflug nach Triolet 9

Über die Allee vor der Zuckerfabrik und die B 17 geht es über Plaine des Papayes zum ***Maheswarnath-Tempel** in **Triolet**, der bedeutendsten hinduistischen Tempelanlage der Insel. Um den Ende des 19. Jhs. errichteten Haupttempel entstanden kleinere farbenprächtige und üppig dekorierte Schreine, die Vishnu, Krishna, Ganesha und anderen Gottheiten gewidmet sind. Vor und nach den Zeremonien sind die Tempel zu besichtigen; Schuhe und Lederwaren dürfen aus Glaubensgründen nicht getragen werden.

Belle Mare Plage 10

Erst-! klassig

Der kilometerlange Bilderbuchstrand von Belle Mare hat diesen Küstenabschnitt bis Poste de Flacq im Norden bekannt gemacht. Der Sand ist an dieser Küste besonders fein und weiß, das Meer leuchtet türkis, und die vielen Filao-Bäume bieten Schatten. Hier haben sich etliche Hotelanlagen der mittleren bis hin zur Luxus-Kategorie angesiedelt. Von einem zum Aussichtsturm umfunktionierten Schornstein eines ehemaligen Kalkofens genießt man einen schönen Blick über die Küste.

Die Ortschaft selbst besteht nur aus ein paar verstreuten Häusern mit Polizeistation, kleinen Boutiquen, Ruinen einer Zuckerrohrfabrik und einem Hindutempel. Entlang der Küstenstraße pflanzen viele Kleinbauern Nutzpflanzen an, im Hinterland dominieren schier endlose Zuckerrohrfelder.

Passionierte Golfer zieht es zu den beiden attraktiven 18-Loch-Championship-Golfplätzen des Hotels Belle Mare Plage › **S. 83**, die in Fachkreisen einen ausgezeichneten Ruf genießen.

Erst-! klassig

Hotels

Constance Le Prince Maurice ●●●
Angenehm ruhiges 5-Sterne-Resort mit Bungalows und Villas in einer tropischen Gartenanlage. Toller Service, exquisites Sisley Spa.

Erst-! klassig

- Choisy Rd., Poste de Flacq
- Tel. 402-3636
- www.princemaurice.com

One&Only Le Saint Géran Spa & Golf Club ●●●
Sportlich-elegantes First-Class-Hotel in tropischer Parkanlage auf einer Halbinsel. Golfklub, Kasino, Spa.

- Poste de Flacq, Belle Mare Plage

- Tel. 401-1688
- www.oneandonlyresorts.com

The Residence ●●●
Mit Antiquitäten und Edelhölzern ausgestattetes Luxushotel im Kolonialstil, 2007 renoviert. Suiten mit persönlichem Butler, herrlicher Strand, Wassersport und schönes Spa.
- Coastal Road
- Tel. 401-8888
- www.theresidence.com

Constance Belle Mare Plage Golf Hotel & Resort ●●●
Erst-klassig
256 geschmackvoll eingerichtete Zimmer, Suiten und Villen; zwei 18-Loch-Golfplätze, tolles Spa.
- Poste de Flacq, Belle Mare Plage
- Tel. 402-2600
- bellemareplagehotel.constancehotels.com

LUX Belle Mare ●●●
Tolles Luxushotel mit großer Poollandschaft, mehreren Restaurants und exquisitem Service. Spa und Kinderclub.
- Belle Mare Plage
- Tel. 402-2000
- www.luxresorts.com

Ausflug: Planschen im Waterpark

Vor allem Familien mit Kindern lieben den Wasserpark. Auf seinem großen Gelände gibt es ein Restaurant, viele Planschbecken, Wellenbad und Rutschen für Besucher aller Altersgruppen. Hier kann man sich mindestens einen halben Tag lang gut amüsieren (Tel. 415-2626, www.maurinet.com/waterpark, tgl. 10–17.30 Uhr).

Maheswarnath-Tempel in Triolet

Trou d'Eau Douce 11 und Beau Champ 12

Der traditionelle Fischerort Trou d'Eau Douce erhielt seinen Namen (Süßwasserloch) wegen eines kleinen Meeresbeckens, welches vom Süßwasser eines Unterwasserflusses gespeist wird. Gegenüber der Postkarteninsel ****Ile aux Cerfs** gelegen, steht der charmante Küstenort seit Jahren im Schatten dieser Touristenattraktion. Mit den vielen bunten Fischerbooten, die in der Bucht schaukeln, versprüht er ein typisch kreolisches Flair.

› Karte S. 68

Es gibt ein paar kleine Geschäfte, inseltypische Restaurants und eine sehenswerte alte Steinkirche mit blauen Fenstern. Einige Privathäuser vermieten einfache Zimmer oder günstige Ferienwohnungen.

In **Beau Champ** steht eine der ältesten Zuckerraffinerien von Mauritius. In den letzten Jahren entstanden hier exklusive Privatvillen, ein 18-Loch-Golfplatz und ein 5-Sterne-Restaurant mit einer neuen Mole, an der Boote zur Ile aux Cerfs ablegen.

Hotels

Le Touessrok ●●●

Erst-klassig

Romantisches Hotel der Spitzenklasse vis-à-vis der Ile aux Cerfs. Givenchy-Spa, 18-Loch-Golfplatz auf der Ile aux Cerfs, Wassersport, toller Kinderclub.

- Trou d'Eau Douce
- Tel. 402-7400
- www.letouessrokresort.com

Four Seasons Resort at Anahita ●●●

Erst-klassig

Luxuriöses Golfresort mit 123 Villen, teilweise über dem Wasser und auf einer Insel, hervorragendes Spa, Wassersport.

- Tel. 402-3100
- www.fourseasons.com

Ausflug zur **Ile aux Cerfs 13

Auf dieser Insel kann man im türkisgrünen Wasser baden und unter Filaos am weißsandigen Strand entspannen. Das Hotel Le Touessrok unterhält dort Restaurants, ein Wassersportzentrum und einen 18-Loch-Golfplatz. Für Hausgäste pendeln hoteleigene Fähren zwischen Insel und Festland hin und her (Fahrtdauer ca. 15 Min.).

Darüber hinaus fahren ab **Trou d'Eau Douce** öffentliche Boote zur Ile aux Cerfs und zur Nachbarinsel Ile de l'Est.

Kestrel Valley 14

Der ehemals unter den Namen Domaine de l'Anse Jonchée bzw. Domaine du Chasseur bekannte Naturpark und die Parfumplantage Domaine de l'Ylang Ylang wurden unter dem Namen Kestrel Valley zusammengelegt in einem der letzten natürlich belassenen Waldgebiete von Mauritius. Das Tal liegt in 100–500 m Höhe, hier leben Javahirsche, Wildschweine, Affen und Vögel, darunter der Kestrel, der Mauritius Turmfalke, der noch vor wenigen Jahren fast ausgestorben wäre.

Die **Ylang-Ylang Distillery** 15 produziert edle Duftessenzen, die man am Haupteingang kaufen kann. Trekkingrouten führen in das dicht bewaldete, bergige Gelände, in dem neben den oben genannten Tierarten auch viele Ebenholzbäume und Orchideenarten zu bewundern sind.

Das Kestrel Valley ist unregelmäßig geöffnet. Über Ausflugsmöglichkeiten ins Tal und zur Distillerie, Öffnungszeiten und Preise erkundigen Sie sich am besten in ihrer Unterkunft bzw. vor Ort.

Die Terre des Couleurs (farbige Erde) von Chamarel

Mauritius: Der Süden und Westen

Das Beste!

- Ein Besuch des Naturparadieses Ile aux Aigrettes › S. 91
- Die herrlichen Strände am Fuße des Morne Brabant › S. 93
- Mittagessen in einem der Aussichtsrestaurants bei Chamarel › S. 94
- Eine Wanderung im einziartigen Nationalpark Gorge de la Rivière Noire › S. 95

› Karte S. 68

Naturliebhaber, Taucher und Sonnenanbeter gleichermaßen finden im ursprünglichen, rauen Süden von Mauritius ihr Eldorado.

Fantastische Naturkulisse, Einsamkeit, dichte Vegetation, gewaltige Wellen – die Südküste steckt voller Kontraste und Extreme. Im alten Kolonialstädtchen Mahébourg spürt man inmitten der vielen Händler und in den landestypischen Boutiquen das besondere Flair von Mauritius. Etwas südlich davon liegt die tiefblaue Blue Bay mit dem beeindruckendsten Unterwasserpark der Insel; die vorgelagerte Ile aux Aigrettes ist ein Naturschutzgebiet. Hier bemüht sich ein Forscherteam darum, die ursprüngliche mauritische Vegetation auf kleinem Raum wiederherzustellen.

An der malerischen, aber raueren **Südküste** zwischen Rivière des Anguilles und Baie du Cap wohnen hauptsächlich Kreolen. Die Gegend war einst Zufluchtsort für entlaufene Sklaven, deren Nachfahren hier bis heute Landwirtschaft und Fischerei betreiben. Die verstreuten Sandbuchten sind meist für Badevergnügen zu gefährlich. Kein vorgelagertes Riff bremst die Kraft der Wellen, die hier mit ihrer Naturgewalt an den Strand oder auf die Felsenküste aus Lavagestein rollen. Trotzdem entstanden in Richtung Westen Hotels und Golfplätze. In den kleinen Fischerdörfern gibt es aber kaum mehr als ein Postamt, eine Boutique, eine Kirche, einen Tempel und vielleicht eine Schule.

Naturliebhaber werden vor allem vom La Vanille Réserve des Mascareignes und den Rochester Falls begeistert sein, recht unzugängliche Gebiete, in denen einheimische Pflanzen überleben konnten.

An den Stränden der **Südwestküste** sorgt das vorgelagerte Korallenriff für ungetrübte Badefreuden. Die Gegend rund um Flic en Flac ist wegen ihres breiten Sandstrandes, des großen Sportangebots und regen Nachtlebens sowie der familienfreundlichen Ferienanlagen sehr beliebt.

Weiter südlich, um Tamarin, Grand Rivière Noire und Case Noyale wird es ruhiger, hier liegen Villen und Winterresidenzen reicher Mauritier neben einfachen Häuschen kreolischer Fischer.

Die markante Halbinsel mit dem 556 m hoch aufragenden Berg Morne Brabant (Weltkulturerbe seit 2008) ist ein abgelegenes Traumziel mit herrlichen Stränden und wunderschönen Hotelanlagen.

Natur pur bietet der einzige Nationalpark Gorges de la Rivière Noire im Hinterland, eines der letzten unbelassenen Naturgebiete der Insel. Hier finden seltene Tiere und Pflanzen wie die Rosa Taube und der Mauritius-Turmfalke eine Zufluchtsstätte und können mit etwas Glück auf Wanderungen auch beobachtet werden.

Touren in der Region

Tour 8 Wo der Hochlandtee wächst

Tour-Übersicht:

Verlauf: **Mahébourg › Bois Cheri › Grand Bassin › Le Pétrin › Mare aux Vacoas › Curepipe › Mahébourg**

Länge: 1 Tag

Praktische Hinweise:

Die Tour verläuft auf vielen Seitenstraßen, es empfiehlt sich ein Wagen mit ortskundigem Fahrer.

Tour-Start:

Von **Mahébourg** › S. 90 folgt man der Schnellstraße in Richtung Curepipe bis zur Abfahrt nach La Flora/ Grand Bois. Durch diese beiden Orte führt eine schmale Nebenstraße in den Ort **Bois Cheri,** um den sich weite Teeplantagen erstrecken. Die Fabrik am Ortsrand inmitten der Felder ist auf Besucher eingestellt: Ein Museum erzählt die Geschichte des Teeanbaus auf der Insel; während eines Rundgangs erläutern Mitarbeiter den langwierigen Prozess der Teeproduktion.

Westlich der Teeplantagen liegt das berühmte **Grand Bassin,** ein Kratersee, den die Hindus in Mauritius als heiligen Ort verehren. Sie nennen ihn Ganga Talao. Tempel und Schreine umgeben den See, und das ganze Jahr hindurch kommen Gläubige, die hier beten, Wasser für rituelle Reinigungszeremonien schöpfen und Gott Shiva Blumenopfer darbringen. Im Februar/März feiern sie hier **Maha Shivaratree,** das größte religiöse Hindufest außerhalb Indiens.

Einige Kilometer weiter nördlich liegt der größte Binnensee der Insel, der **Mare aux Vacoas.** Er ist eines der wichtigsten Süßwasserreservoirs, Meerwasseraufbereitung wird auf Mauritius noch nicht betrieben.

Weiter geht es über schmale Straßen bis in die Außenbezirke von **Curepipe** › S. 66, wo Gelegenheit für einen Einkaufsbummel besteht. Von hier führt die vierspurige Schnellstraße zurück nach Mahébourg.

Auf den Plantagen von Bois Chéri wird der Tee Blatt für Blatt von Hand gepflückt

Tour 9 Durch den wilden Süden

Tour-Übersicht:

Verlauf: **Mahébourg › Le Souffleur › Rivière des Anguilles › Rochester Falls › Le Morne Brabant**

Länge: 1 Tag, 62 km

Praktische Hinweise:
Die Strecke ist sehr kurvig. Vorsicht auch vor Tieren auf der Straße.

Tour-Start:

Von **Mahébourg** › S. 90 geht es vorbei am Flughafen Plaisance und über Plaine Magnien nach **Saint Aubin,** dem Sitz eines herrschaftlichen Kolonialhauses, welches besichtigt werden kann.

In L'Escalier zweigt eine schmale, steinige Zufahrt an die Küste nach **Le Souffleur** ab. Hier lernt man den Indischen Ozean von seiner wilden Seite kennen: Keine Korallenbank bricht vor der Küste die Kraft der Wellen, die mit hoch aufschäumender Gischt auf die schwarzen Lavafelsen schlagen – ein fast unheimlich wirkender Ort, an dem die Regierung nach etlichen Todesfällen einen Holzzaun ziehen ließ, der Besucher vor der Reichweite der Brandung schützt.

SEITENBLICK

Putzige Quälgeister

In den Wäldern des Südens und vor allem am Grand Bassin leben insgesamt etwa 60 000 Makaken-Affen, die auf der Insel *Jacot dansé* genannt werden. Sie wurden aus Indien eingeführt und können zu einer wahren Plage werden. Affencari (Cari No. 2) gilt bei Kreolen als besondere Spezialität und ist sehr beliebt.

Im **La Vanille Réserve des Mascareignes** › S. 92 bei Rivière des Anguilles werden zu kommerziellen Zwecken madagassische Krokodile gezüchtet; im Restaurant kann man das Fleisch probieren.

Hohe Klippen ragen am Aussichtspunkt Cap Gris Gris aus dem Indischen Ozean. Strömungen und große Wellen machen das Baden lebensgefährlich, aber der Blick auf die wilde Steilküste ist atemberaubend. Von Surinam aus führt ein Fußweg (30 Min.) durch Zuckerrohrfelder zu den ***Rochester Falls,** bis auf ca. 20 m kann man auch mit dem Auto heranfahren. 15 m stürzt das Wasser über Basaltsäulen hinab, die wie Orgelpfeifen aussehen. Jungen führen gegen Trinkgeld spektakuläre Hechtsprünge ins Wasserbecken vor.

Erst-klassig

Der Küstenabschnitt von Surinam über Bel Ombre bis zum ****Le Morne Brabant** › S. 93, dem mächtigen Felsen im äußersten Südwesten, ist mit seinen sandigen Buchten sehr malerisch, aber wegen der unberechenbaren Strömungen zum Baden ungeeignet – bis auf den Strand von **Riambel** › S. 92. Hier entstanden mehrere luxuriöse Hotelanlagen mit Golfplätzen und moderner Ausstattung.

Ein Gedenkstein am Strand von **Pointe aux Roches** erinnert an den Passagierdampfer »Trevessa«, der

1923 auf dem Weg von Australien nach Mauritius havarierte. Nach wochenlanger Irrfahrt landeten hier 16 Überlebende im Rettungsboot. Rund um den **Morne Brabant** › S. 93 liegen Strände, an denen sich einige der schönsten Hotels von Mauritius angesiedelt haben.

Der Flammenbaum blüht von November bis Februar

Tour 10 Natur pur im Südwesten

Tour-Übersicht:

Verlauf: **Flic en Flac › Grande Rivière Noire › Chamarel › Parc National Gorges de la R. Noire › Quatre Bornes › Flic en Flac**

Länge: 1 Tag, 77 km

Praktische Hinweise:
Die Strecke ist sehr kurvig. Vorsicht auch vor Tieren auf der Straße.

Tour-Start:

Die Tagesfahrt von Flic en Flac auf das Hochplateau führt durch den landschaftlich abwechslungsreichsten Teil von Mauritius. Naturdenkmale weisen auf den vulkanischen Ursprung der Insel hin. Kraterseen, in Regenbogenfarben leuchtende Lava und die letzten Ebenholzbäume im Nationalpark Gorges de la Rivière Noire faszinieren Naturliebhaber. Eine Wanderung auf den Gipfel des Piton de la Rivière Noire oder durch die Schlucht des gleichnamigen Flusses hinunter zur Küste fordert Sportliche heraus.

Von **Flic en Flac** › S. 95 folgen Sie der Nationalstraße nach Süden, vorbei am **Casela Nature & Leisure Park** › S. 96 und durch die Ortschaft **Tamarin** › S. 94. Ein Abstecher führt in den ***Nationalpark Gorges de la Rivière Noire** › S. 95.

Ab Grand Case Noyale geht es hinauf in den Ort **Chamarel** › S. 94 mit herrlichen Ausblicken und sehr empfehlenswerten Terrassenrestaurants. Ein Abstecher führt von hier zum **Chamarel-Wasserfall** sowie zur ****Terre des Couleurs** › S. 94 (»farbige Erde«).

Zurück in Chamarel folgen Sie nun der schmalen Straße in Richtung Plaine Champagne. Unterwegs passieren Sie immer wieder Aussichtspunkte auf Wasserfälle und in die Schluchten des Nationalparks Gorges de la Rivière Noire. An der Straße beginnt auch der schmale, aber recht leicht zu begehende Pfad auf den 828 m hohen **Piton de la Rivière Noire** (3–4 Std. für Hin- und Rückweg), den höchsten Berg von Mauritius.

In Le Pétrin folgt man der Straße nach Vacoas, vorbei am Süßwasserreservoir Mare aux Vacoas und durch das Dorf La Marie. Weiter geht es nach Quatre Bornes, wo eine Abkürzung nach Westen durch Zuckerrohrfelder sowie über Palma und Beaux Songes direkt nach Flic en Flac führt.

Unterwegs im Süden und Westen

Mahébourg 16

Mahébourg liegt an einer atemberaubend türkisfarbenen Lagune, die sich im Süden bis zur Blue Bay › **S. 91** erstreckt, an der einige schöne Ferienanlagen entstanden sind. Die 1806 gegründete Stadt wurde nach dem französischen Gouverneur Mahé de Labourdonnais benannt.

Die Schiffsglocke der »Saint Géran« im Museum von Mahébourg

Sie hat sich ihre inseltypische Atmosphäre bewahrt. Im Stadtkern fühlt man sich als Teil der bunten Menschenmenge, besonders am Montagvormittag zieht es Händler und Käufer auf den bunten **Wochenmarkt.** In den **Markthallen** gegenüber dem Busbahnhof kann man jeden Tag frisches Obst, Gemüse und Fisch sowie schöne Korbwaren kaufen; rund um den Markt bieten Imbissstände viele kleine Köstlichkeiten an.

In der Rue du Souffleur liegt das große Gotteshaus **Cathédrale Notre-Dame-des-Anges,** hinter der sich die einfache Pension Notre Dame verbirgt. Daneben, an der Mahébourg Road, steht eine **Moschee.** Von ihrem Minarett erklingt mehrfach täglich der Gesang des Muezzin.

In Richtung Flughafen befindet sich auf der rechten Seite in einem großen Park das **Marinemuseum** (*Musée historique et naval de Mahébourg*, Tel. 631-9329, Mo, Mi–Sa

9–16, So 9–12 Uhr, Eintritt kostenlos). Ein Besuch der in einem Kolonialgebäude von 1771 untergebrachten Ausstellung ist sehr lohnenswert. Gezeigt werden alte Seekarten sowie Überbleibsel aus Wracks, z. B. die Schiffsglocke des bekannten Schiffes Saint Géran. In den Außengebäuden stehen zwei historische Kutschen; ein Souvenirgeschäft verkauft Kunsthandwerk.

Ausflüge

Segeltörn an der Südostküste

Eintägige Katamarantouren von Blue Bay zur Ile aux Cerfs bieten Croisières Australes (Tel. 263-1669, www.croisieres-australes.mu) sowie Croisières Turquoises (Tel. 631-1640, www.croisieres-turquoise.com) an. Tam Tam Travel & Tours (Tel. 631-8642) an der Pointe d'Esny offeriert eine Palette von Ausflügen auf die Inseln der Ostküste sowie ins Landesinnere. Bei Cybèle Charters (Tel. 674-3596) können Bootsfahrten auf den Spuren der Geschichte in der Bucht von Mahébourg gebucht werden.

Naturpark Le Val 17

In Mahébourg zweigt ca. 1 km landeinwärts nach dem Museum die Straße nach Riche en Eau ab. Durch Zuckerrohrfelder und Ananasplantagen, an der Zuckerfabrik von Riche en Eau vorbei, führt sie hinauf ins Bergland zum kleinen Naturpark von Le Val. In dem Tal wachsen noch einzelne Baumfarne. Auf einem Spaziergang passiert man Käfige, in denen Affen turnen; Teiche dienen der Zucht von Garnelen und Karpfen. Kinder können sich auf dem Spielplatz vergnügen (tgl. 9–17 Uhr).

Zwischenstopp: **Restaurant**

Les Copains d'Abord ●●–●●●
Wunderschön gelegenes Restaurant an der Uferpromenade mit Blick aufs türkisfarbene Meer. Mauritische Küche und Spezialitäten aus dem Meer.
- Mahébourg
- Tel. 631-9728
- tgl. mittags und abends

Blue Bay 18

Südlich von Mahébourg führt die Küstenstraße durch Marsch- und Mangrovenland zur Blue Bay. Die Bucht sowie die Gewässer um die vorgelagerte ****Ile aux Aigrettes** sind für ihre intakte Unterwasserwelt und farbenfrohen Korallengärten bekannt. Die Insel steht unter Naturschutz und wird von der Mauritian Wildlife Foundation (MWF) verwaltet. Auf ihr findet man noch seltene Pflanzen des einheimischen Küstenwaldes und rare Vogelarten wie die Rosa Mauritiustaube vor. Die Mitarbeiter bieten sehr interessante geführte Touren über die Insel an (tgl. 9–16 Uhr, Tel. 631-2396, www.ile-aux-aigrettes.com), Boote starten zwischen 9.30 und 14 Uhr ab Mahébourg. Etwas störend wirkt sich der nah gelegene internationale Flughafen aus.

Hotels

Shandrani Hotel ●●●
Geräumige Zimmer allesamt mit Meerblick; All-inclusive-Konzept, Clarins-Spa,

Zuckerrohr- und Zwiebelfelder auf Mauritius

Spitzengastronomie mit Buffets und Mahlzeiten à la carte, 9-Loch-Golfplatz.

- Blue Bay
- Tel. 603-4343
- www.beachcomber-hotels.com

Le Preskil Beach Resort ●●–●●●

Erst-! klassig

Familienfreundliches Mittelklassehotel in Toplage an einem noch authentischen Küstenabschnitt. Kinderbetreuung, großes Sportangebot, Spa.

- Pointe Jérôme
- Tel. 604-1000
- www.lepreskil.com

Riambel 19

Das westlich an Souillac angrenzende Riambel besitzt einen hübschen, natürlichen Hafen an der Mündung des Baches Rau Patates, zu dem ein Abstecher lohnt. Hier schaukeln viele Fischerboote und Pirogen im Wasser und geben ein malerisches Bild ab; daneben liegt das gemütliche Restaurant **Le Batelage.** Westlich von Souillac schützt erneut ein vorgelagertes Riff die Küste. Oft sind die Strände sehr felsig und zum Baden ungeeignet, trotzdem entstanden hier in den letzen Jahren einige schöne Hotels, die sich vor allem auf Wellness spezialisiert haben.

6,5 km östlich von Souillac liegt in Rivière des Anguilles das Herrenhaus **Le Saint Aubin** mit einem kreolischen Restaurant (●●, die Anlage zählt zur Route du Thé, Rivière des Anguilles, Tel. 626-1513, www.saintaubin.mu, Mo–Sa 8.30 bis 16 Uhr).

Einige hundert Meter weiter südlich weisen Schilder inmitten eines Naturreservats zum La Vanille Réserve des Mascareignes 20. In den Gehegen des tropischen Gartens mit Palmen und Bambus leben u. a. auch Riesenschildkröten, Affen, Leguane und Wildschweine (tgl. 9.30 bis 17 Uhr, www.lavanille-reserve.com). Das Restaurant serviert hauseigene Erzeugnisse, kreolische Spezialitäten und Krokodilfleisch.

Erst-! klassig

Hotel

Shanti Maurice ●●●
Aryuveda-Resort in tropischer Gartenanlage mit umfassendem Wellness-Programm, geräumigen Suiten und Villas sowie tollem Essen.
- Riambel
- Tel. 603-7200
- www.shantimaurice.com

**Le Morne Brabant 21

Erst-klassig

Der westlich der Hauptroute gelegene Berg (556 m) ist ein Ausläufer des Kapgebirges und bildet eine markante Halbinsel. Am herrlichen Strand zu Füßen des massigen Felsens hat sich eine exklusive Ferienzone mit Hotels, Golfplatz und Reitpferden entwickelt. Die Besteigung des Morne Brabant ist nur mit einem Führer möglich. Entlaufene Sklaven versteckten sich einst in den schwer zugänglichen Höhen des Morne und glaubten, in uniformierten Boten ihre Häscher zu erkennen. Aus Verzweiflung sprangen viele ins Meer. Die Boten aber sollten das Ende der Sklaverei verkünden. 2008 erkannte die UNESCO den Berg als Weltkulturerbe an. Die Bucht südlich der Halbinsel ist ein Paradies für Wind- und Kitesurfer.

Hotels

Le Paradis Hotel & Golfclub und Dinarobin Hotel ●●●
Schön gelegene, luxuriöse Anlagen, die zu den Beachcomber-Hotels gehören. Luxus pur: elegant eingerichtete Zimmer, exzellenter Service, Gourmetrestaurant, Spa, 18-Loch-Golfplatz, breites Sportangebot und Kasino.
- Le Morne
- Tel. 401-5050
- www.beachcomber-hotels.com

LUX* Le Morne ●●●
Renoviertes, im Kolonialstil gehaltenes Bungalowhotel im Windschatten des Berges mit drei Restaurants, Cocktailbar, Spa und Ladenzeile. Breites Sportangebot, toller Badestrand.
- Le Morne
- Tel. 401-4000
- www.luxresorts.com

Die besten Strände

Erst-klassig

- **Trou aux Biches Plage**
  Mauritius – lang gestreckter pulvriger Sandstrand mit toller Lagune und wunderschönen Sonnenuntergängen. › S. 75
- **La Cuvette**
  Mauritius – die charmante Sandbucht bei Grand Baie gilt unter Kennern als Geheimtipp. › S. 78
- **Belle Mare Plage**
  Mauritius – hier kann man kilometerweit laufen und in der Lagune gefahrlos planschen. › S.82
- **Le Morne Brabant**
  Mauritius – eine frische Brise lockt Wassersportler und Badenixen gleichermaßen an den breiten Sandstrand. › S. 93
- **Boucan Canot**
  Réunion – der In-Strand mit schönem Korallengarten und buntem Publikum. › S. 121
- **Etang-Salé-les-Bains**
  Réunion – schwarzer, feinster Lavasandstrand und herrliche Wellen, viele Einheimische. › S. 124

Ausflug zu den Salinen von Tamarin 22

Die Bucht von **Tamarin** ist unter Surfern sehr beliebt. Da es hier zwischen den Korallenbänken direkt vor der Mündung der Rivière Noire eine Lücke gibt, werden die Wellen nicht aufgehalten und können so die Wellenreiter ungebremst bis an die Küste tragen.

Bei Tamarin, in einer der trockensten Ecken der Insel, wird aus dem stark salzhaltigen Meerwasser durch Verdunstung Salz gewonnen – eine einfache und effektive Methode, die die Versorgung von ganz Mauritius mit diesem Mineral sicherstellt. Man sieht die Salinen von der Hauptstraße aus; ihre Anzahl und die Fläche sind in den vergangenen Jahren stark geschrumpft, dafür entstanden immer größere moderne Wohnsiedlungen mit der dazugehörigen Infrastruktur.

Zwischenstopp: Restaurant

La Bonne Chute ●●
Kreolische und europäische Küche, auch Wildspezialitäten.
- Grande Rivière Noire (neben der Caltex-Tankstelle)
- Tel. 483-6552
- Do geschl.

6 Chamarel 23 und **Terres des Couleurs

In Grand Case Noyale zweigt eine Straße von der Küste ins Landesinnere ab und windet sich in vielen Kurven hinauf in den Ort **Chamarel**. Hier befinden sich wunderschöne Terrassenrestaurants mit fabelhafter Aussicht auf die Südwestküste.

Erst-klassig

Die kleine Kirche Ste-Anne von Chamarel wird jedes Jahr am 15. August (Mariä Himmelfahrt) zum Wallfahrtsort gläubiger Katholiken. An den bunten Ständen rund um das Gotteshaus sind Gebäck und Getränke im Angebot, rasch kommt Volksfeststimmung auf.

Südwestlich des Ortes erreicht man auf der Straße Richtung Baie du Cap die Abzweigung zur Terre des Couleurs (Coloured Earth; tgl. 6–18 Uhr; Eintrittsgebühr). An einer kleinen Kaffeeplantage vorbei gelangt man zunächst zum **Chamarel-Wasserfall**, der ca. 100 m tief in ein grün bewachsenes, natürliches Bassin stürzt. Am Ende des Weges steht man unvermittelt vor einem Naturphänomen, den **Terres des Couleurs** (»farbige Erde«). Wellenförmig steigt der poröse, kahle Boden an. Rosa-, Purpur- und Brauntöne leuchten in verschiedenen Nuancen nebeneinander, kein Regen wäscht die Farben ab. Obwohl wissenschaftlich noch nicht eindeutig geklärt, vermutet man, dass die Farbtöne auf die Oxidation von Mineralien zurückzuführen sind.

In der Umgebung gibt es auch einen Abenteuerpark mit Baumwipfelpfad und Kletterpark (Do–Di 9–16 Uhr, Tel. 234-5385, www.parc-aventure-chamarel.com).

Restaurants

Le Chamarel ●●
Großes Open-Air-Restaurant, das ausgezeichneten, vor Ort angebauten Kaffee serviert.

- La Crete | Chamarel
- Tel. 483-6421
- le-chamarel.restaurant.mu
- Tgl. 12–15 Uhr (abends nur Gruppen).

Varangue sur Morne ●●
Erst-! klassig
Delikates Essen (Tipp: Wildschwein-curry), das auf großen Terrassen mit herrlichem Ausblick serviert wird.

- Route Plaine Champagne
- Tel. 683-6610
- Tgl. 7–19 Uhr

Der Chamarel-Wasserfall

*Nationalpark Gorges de la Rivière Noire

Der sehenswerte Nationalpark umfasst eine Fläche von 6500 ha und lässt sich am besten zu Fuß erkunden. Von **Le Pétrin** 24 mit kleinem Informationszentrum und Picknickanlagen führt ein breiter Weg durch den Wald von Macchabée bis zu einem Aussichtspunkt (7 km hin und zurück); Geübte können noch weiter hinunter in die zentral gelegene Schlucht wandern (15 km). Eine Übersichtskarte mit Angaben zu den verschiedenen Wanderwegen ist in Le Pétrin erhältlich.

Neben den unterschiedlichsten Bambusarten mit ihrem filigranen Grün wachsen in den Wäldern wilde Guaven, deren kleine, dunkelrote, vitaminreiche Früchte bei den Einheimischen sehr beliebt sind und roh gegessen oder scharf gewürzt zu Chutney eingekocht werden. Palmen, Bananenstauden und immer wieder Fächerpalmen, die in ihren Blättern Wasser speichern, fallen in dem dichten Grün auf. Hin und wieder zeigen sich auch ein paar Affen, die allerdings bissig sein können. Mit etwas Glück entdeckt man sogar Mauritius-Turmfalken, Mauritius-Sittiche und Rosa Tauben. Eine Ausstellung im Informationszentrum informiert über die Flora und Fauna des einzigen Nationalparks von Mauritius.

Flic en Flac 25

Der kleine, ruhige Ort mit seinem langen weißen Sandstrand wurde schon vor rund 30 Jahren für den Tourismus erschlossen und ist am Wochenende ein beliebtes Ziel der Mauritier. Die Hotelanlagen reichen immer weiter nach Süden bis in den Ortsteil Wolmar, auch viele Restaurants sind entstanden.

Hotels

La Pirogue Hotel ●●●
Sehr beliebtes, familienfreundliches Bungalowhotel direkt am Strand. Guter Service, buntes Unterhaltungsprogramm, Miniclub, Kasino.

› Karte S. 68

- Flic en Flac
- Tel. 403-3900
- www.lapirogue.com

Hilton Resort ●●●

Stilvolles Luxushotel im südlichen Nachbarort mit bestem Service. Schöne Poollandschaft, Spa, vier Restaurants, Kids Club, Mini-Putting-Green.

- Wolmar
- Tel. 403-1000
- www.hilton.de/mauritius

Villas Caroline ●●

Kleine, gut geführte Bungalow-anlage direkt am Strand mit internationalem Restaurant. Die Tauchbasis ist unter deutscher Leitung.

SEITENBLICK

Das letzte Ebenholz

»Mauritius ist reich an unerschöpflichen Wäldern«, berichteten einst die Eroberer im fernen Heimatland. Sie holzten in den tropischen Regenwäldern wild drauflos, verschifften Teak- und Ebenholz nach Europa, verfeuerten oder verbauten das Holz und ließen auf den gerodeten Flächen Plantagen anlegen. Die angeblich unerschöpflichen Wälder verschwanden von der Insel, bis auf einen kleinen Restbestand im Südwesten, der heute unter Naturschutz steht. Die letzten Ebenholzbäume, die allen Zyklonen widerstanden haben – Ebenholz ist eines der härtesten Hölzer der Erde –, wachsen nun im Parc National Gorges de la Rivière Noire › S. 94, wo auch der grüne Mauritius-Sittich und die Rosa Taube ein letztes Refugium gefunden haben.

- Flic en Flac
- Tel. 453-8411
- www.carolinegroup.com

The Nilaya ●

Vier kleine funktionelle Studios mit Küche, 200 m vom Strand entfernt, deutschsprachige Besitzer.

- Safeland, Flic en Flac
- Tel.453-9037
- www.nilaya-mauritius.com

Ausflüge

Casela Nature & Leisure Park 26

Der Tier- und Abenteuerpark hat sich aus einem reinen Vogelzoo zu einem riesigen Freizeitpark entwickelt. Neben über 1500 bunt gefiederten Vogelarten, wie z.B. die Rosa Mauritiustaube, gibt es Riesenschildkröten, einen Streichelzoo, einen Garten mit endemischen Pflanzen und ein Restaurant. Zahlreiche Aktivitäten können hinzugebucht werden, so eine Fahrt durch den afrikanischen Safaripark, eine Begegnung mit Tiger, Löwe und anderen Großkatzen, ferner Quad- oder Segway-Touren, Abseil- und Zipline-Abenteuertouren. Affen, Antilopen, Strauße und Zebras bevölkern neben vielen weiteren kleineren Arten das weitläufige Gelände, das außerhalb des Kerngebiets des Parks liegt.

Für die beliebten Zusatzaktivitäten wird dringend eine Vorausbuchung empfohlen (Cascavelle, Tel. 452-2828, www.caselayemen.mu).

Junge im Maisfeld auf Rodrigues

Rodrigues

Das Beste!

- Eine Höhlenbesichtigung in der Caverne Patate › S. 100
- Ein Rundgang auf dem Wochenmarkt in Port Mathurin › S. 101
- Der großartige Rundblick vom Mont Limon über die Insel › S. 105
- Eine Bootsfahrt zur Vogelinsel Ile aux Cocos › S. 104
- Eine Wanderung entlang der unberührten Küste › S. 106

› Karte
S. 101

Das abgelegene Eiland mit schönen Wanderwegen und kleinen Ortschaften ist das perfekte Urlaubsziel für Erholungssuchende.

Sanfte Hügel, bunt geflecktes Rindvieh und Schweine auf den Wiesen, grüne Wäldchen – auf der ruhigen, ursprünglichen Insel leben Fischer und Landwirte weitab vom Massentourismus. Folklore ist hier noch sehr lebendig. Rodrigues, die kleinste und älteste der Maskarenen, bietet ein Bild voller Gegensätze: Savannenartige Landstriche wechseln sich mit fruchtbaren Weiden und sattgrünen, tropisch anmutenden Tälern ab. Ein Korallenriff erstreckt sich über 90 km rund um die Lagune. Die 36 700 Bewohner sind überwiegend Kreolen katholischen Glaubens, wobei die dunkelhäutigeren Montagnards (Bergbewohner) vor allem Landwirtschaft betreiben, während die hellhäutigen Rouges (Roten) an der Küste vom Fischfang leben. Einige wenige Asiaten treiben Handel. Jährlich werden Rinder, Schafe, Hühner und Schweine aufgezogen. Auf den Feldern gedeihen Mais, Maniok, Zwiebeln, Süßkartoffeln, grüne Bohnen und Kartoffeln. Angesichts der geringen Niederschlagsmengen fallen die Ernten unterschiedlich aus. Täglich fahren über 10 000 Fischer auf den Ozean hinaus; vor allem Tintenfisch ist ein Exportschlager. In Baumschulen züchtet man Filaos für Wiederaufforstungsmaßnahmen, Olivenbäume sowie Akazien als Zusatzfutter für die Schafzucht. Entlang der Küste und in den Hügeln liegen verstreut ein paar Häuser mit Gärten. Einsame Strände können zu Fuß oder per Mountainbike erreicht werden. Der Tourismus spielt immer noch eine untergeordnete Rolle; Familienpensionen ermöglichen es der Bevölkerung, direkt vom Besuch der Fremden zu profitieren. Auch das Kunsthandwerk wird gefördert: Holz-, Flecht- und Stickarbeiten von Rodrigues sind sehr beliebt.

Die 1528 vom portugiesischen Seefahrer Rodriguez entdeckte Insel blieb zunächst unbesiedelt. Erst ab 1725 ließen sich hier französische Siedler mit ihren Sklaven nieder. Seit 1967 ist Rodrigues mauritische Provinz und wird von zwei Abgeordneten im Parlament der Mutterinsel vertreten. Verwaltet wird sie vom sogenannten Inselkommissar.

SEITENBLICK

Dorado für Schatzsucher

Scharfe Riffkanten, schwierige Passagen und unberechenbare Stürme sorgten dafür, dass viele Segler des 17. Jhs. nie einen schützenden Inselhafen erreichten. Noch heute durchforsten Schatzsucher den tiefen Meeresboden nach Gold und Edelsteinen – aber auch ohne Juwelen stellen die unzähligen Wracks herrliche Tauchgründe dar.

Touren in der Region

Tour 11 Entlang der Nordküste und ins Hügelland

Tour-Übersicht:

Verlauf: **Port Mathurin › Baie aux Huîtres › Baie du Nord › La Ferme › Baie Topaze › Plaine Mapou**

Länge: 1 Tag

Praktische Hinweise:
Die ruhige Strecke ist auch für Motorradfahrer gut geeignet; unterwegs gibt es keine Tankmöglichkeit.

Tour-Start:

In westlicher Richtung führt eine Uferstraße von **Port Mathurin** › S. 101 über Baie aux Huîtres in die Ortschaft La Ferme. **Baie aux Huîtres** ist ein grüner Ort mit gepflegten Häusern, die in blühenden Gärten liegen. Hier wohnen viele hellhäutige, teils blonde Rodriguais bretonischer Herkunft. Am Ortsausgang bei Pointe La Guele liegt das einzige Gefängnis der Insel. Von der Küstenstraße genießt man fantastische Ausblicke auf die ruhigen Buchten Baie Diamant, Baie Malgache und Baie du Nord, in denen Fischerboote wie Farbtupfer auf der blauen Oberfläche schaukeln.

Am Horizont sieht man die blütenweißen Strände der Inseln **Ile aux Cocos** › S. 104 und Ile aux Sables funkeln. Bei Baie du Nord biegt die Straße in den Ort La Ferme ab und führt dort nach rechts über Baie Topaze nach **Plaine Mapou.** Hier am westlichsten Zipfel der Insel gruppieren sich einige vorgelagerte, felsige Inseln um die topasfarbene Bucht. Hier fischen regelmäßig Frauen in der Lagune mit Metallspießen nach Tintenfisch. Diese traditionelle Fangart wird auf der ganzen Insel praktiziert. Zum Trocknen wird der Fang in der Sonne aufgespannt.

Tour 12 Entlang der Südküste

Tour-Übersicht:

Verlauf: **Anse Mourouk › Port Sud-Est › Tamarin › Petite Butte › Carrière de Corail › La Fouche › Caverne Patate › Plaine Corail**

Länge: 1 Tag

Praktische Hinweise:
Achten Sie auf einen gefüllten Autotank, unterwegs gibt es keine Tankstellen.

Tour-Start:

Von Pâté Reyneux führt eine Straße entlang der Küste über Port Sud-Est und Rivière Cocos nach Petite Butte. Die hiesigen Strände eignen sich nicht zum Baden. Hinter Port Sud-Est zweigt eine kurvige Straße hinauf in Richtung Latanier und Mont Lubin. Ein Abstecher dorthin lohnt sich allein wegen der atemberau-

Erst-! klassig

benden Ausblicke auf die Südküste, in der sich die wie eine Schlange gewundene tiefblaue Fahrrinne La Passe von den helleren Blau- und Türkistönen der Lagune abhebt.

Nahe des Fischerdorfs Petite Butte liegt der ehemalige Korallensteinbruch **Carrière de Corail.** Hier wurden über 30 Jahre lang bis ins Jahr 2002 Ziegel aus dem aus Korallen bestehenden Grund geschlagen; heute bieten dort ein paar Handwerker Gebilde aus porösem Korallenstein zum Verkauf an.

Unweit davon, nur einige Hundert Meter vom Flughafen entfernt, liegt die Höhle ***Caverne Patate** in einem Naturschutzgebiet. Führungen organisieren mehrere Agenturen in Port Mathurin › S. 101, ein Führer bietet auch vor Ort seine Dienste an. Der Eingangsbereich der 615 m langen und 35 m tiefen Höhle ist mit 135 Treppen versehen, von hier geht man im Schein der Taschenlampen über den natürlichen Höhlengrund und kann zahllose Stalagmiten und Stalagtiten bewundern. Die Caverne Patate ist eine der 25 aktiven Tropfsteinhöhlen der Insel.

Daneben liegen Museen zur Geschichte von Rodrigues und das Erst-! klassig François Leguat Giant Tortoise and Cave Reserve. Auf dem 20 ha großen Gelände werden Riesenschildkröten wieder angesiedelt, die einst auf Rodrigues heimisch waren. Es gibt dort ein kleines Restaurant und einen Andenkenshop (www.tortoisecavereserve-rodrigues.com, Tgl. 9 bis 17 Uhr, Tel. 823-8141, 4 Führungen pro Tag, kostenpflichtig).

Verkehrsmittel

- Etwas außerhalb des Zentrums von Port Mathurin, unweit von New Market, an der Verlängerung der Rue Jenner jenseits des Baches, liegt der Busbahnhof, von dem die oft klapprigen Busse in die Siedlungen und zum Flughafen starten. Der letzte Bus fährt meist gegen 16.30 Uhr, Sa/So sind die Verbindungen sehr unregelmäßig. Das Straßennetz ist teilweise in schlechtem Zustand, weshalb sich Geländewagen oder Motorräder anbieten. Zur Tropfsteinhöhle und zum Korallensteinbruch gelangt man nur mit dem Geländewagen oder zu Fuß.
- Es gibt noch recht wenig Verkehr. Hotels und Reiseveranstalter vermieten Fahrräder und Mountainbikes.

Wichtige Adressen

Rodrigues Tourism Office

- Rue de la Solidarité | Port Mathurin
- Tel. 832-0866 | Fax 832-0174
- www.tourism-rodrigues.mu

Rod Tours

Die größte Agentur der Insel organisiert Ausflüge und bietet Mietwagen an.

- Max Centre | Pointe Venus
- Tel. 832-0105
- www.mauritours.net

2000 Tours

Ausflüge, Bootstouren und Mietwagen.

- Rue Max Lucchesi | Port Mathurin
- Tel. 831-1894
- 2000trs@intnet.mu

Air Mauritius

- Rue Max Lucchesi | Port Mathurin
- Tel. 831-1632
- am Flughafen: Tel. 832-7700

Unterwegs auf Rodrigues

Port Mathurin 1

Die Hauptstadt von Rodrigues wirkt dörflich – sie ist genauso herrlich unspektakulär und ruhig wie der Rest der Insel. Die Innenstadt besteht aus jeweils fünf im quadratischen Muster angelegten Straßen, die parallel bzw. vertikal zum Hafen verlaufen. Das höchste Gebäude der Stadt hat vier Etagen, viele der bunten Häuser bestehen aus Wellblech. Die Atmosphäre ist selbst zu Stoßzeiten angenehm entspannt. Es herrscht wenig Verkehr in den Straßen, die meisten Menschen sind zu Fuß oder gelegentlich mit dem Fahrrad unterwegs. Oberhalb der Stadt steht an der Pointe Canon die Marienstatue **Marie Reine de Rodrigues,** von der man einen wunderschönen Blick auf die Häuser und die sich tiefblau abhebende Fahrrinne zum Hafen von Port Mathurin, La Passe, hat. Hier findet alljährlich am 15. August die traditionelle Himmelfahrtsmesse im Freien statt, zu der die Bewohner aus allen Ortschaften der Insel pilgern.

Obwohl Port Mathurin Zentrum aller wirtschaftlichen und touristischen Aktivitäten der Insel ist, wird es auf den Straßen nach Ladenschluss ab 16 Uhr ziemlich ruhig.

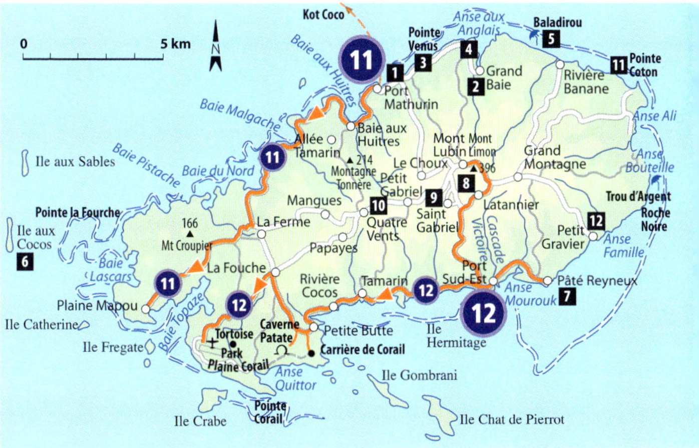

Touren auf Rodrigues

Tour 11 Entlang der Nordküste und ins Hügelland **Port Mathurin › Baie aux Huitres › Baie du Nord › Plaine Mapou**

Tour 12 Entlang der Südküste **Anse Mourouk › Port Sud-Est › Caverne Patate › Plaine Corail**

› Karte S. 101

Faszinierende Formationen in der Tropfsteinhöhle Caverne Patate

Größerer Rummel entsteht, wenn im **Hafen** die Mauritius Pride oder Mauritius Trochettia (Trochetia), zwei Fracht- und Passagierschiffe – von der Mutterinsel kommend – anlegen, oder samstags früh, wenn der **Markt** stattfindet.

Rund um den Hafen stehen die wenigen älteren Gebäude der Kolonialzeit. Ihnen gegenüber bewacht eine alte Kanone den Sitz der Inselverwaltung.

Im Stadtzentrum von Port Mathurin befinden sich Büros, Geschäfte, Banken, das Postamt, die Polizeistation, die Feuerwehr, eine Apotheke und ein Kino. In ca. 2 Stunden hat man alles gesehen, einschließlich des kleinen Hafens mit seinem Quai.

Schöne Beispiele kreolischer Baukunst bieten einige Wohnhäuser in der Barclay Street; in der Rue de la Solidarité befinden sich die aus der Kolonialzeit stammenden Gebäude der Polizeistation und des Gerichtshofs sowie das Postamt und die Touristeninformation.

Shopping

- Im Zentrum von Port Mathurin bieten einige verstreute Souvenirläden lokal hergestellte Flechtwaren oder CDs mit traditioneller Musik an. Handeln ist überall erlaubt.
- Am westlichen Stadtrand in Camp du Roi liegt das Atelier der gemeinnützigen Organisation CARECO. Hier kann man die behinderten Arbeiter bei der Fertigung von Schmuck und Dekorationsgegenständen aus Kokosnuss beobachten und sich auch in der hiesigen Imkerei umschauen. Etwa 45 Mitarbeiter zählt die Organisation, die auch eine Schule für behinderte Kinder betreibt. Die Produkte der 1989 von Paul Draper gegründeten Behindertenwerkstatt werden vor Ort verkauft, das Fair Trade-Unternehmen ist durchaus erfolgreich und exportiert seine Produkte zum Teil auch nach Europa.

Erst-! klassig

Erst-! klassig

- Frühaufsteher sollten den samstäglichen Wochenmarkt unweit des Hafenbeckens in Port Mathurin nicht verpassen, auf dem so gut wie alle Inselprodukte verkauft werden. Bauern und Marktfrauen reisen dafür mit überladenen Körben, lebendigem Vieh und Bündeln von Grünpflanzen von überall her an, manche tragen ihre Ware kilometerweit auf dem Rücken oder Kopf. Der Tag beginnt zeitig, sodass um 8 Uhr ist schon ein großer Teil der Ware verkauft ist – und bereits gegen 10 Uhr geht das Markttreiben seinem Ende entgegen.

Unterkunft

Escale Vacances ●●

Gemütliche Villa mit 23 schlichten, aber freundlichen Zimmern, Pool und Garten, am Rand der Inselhauptstadt in den Hügeln gelegen; kreolisch-chinesisches Restaurant.

- Fond La Digue | Port Mathurin
- Tel. 831-2555
- www.escale-vacances.com

Hotel Flamboyant ●

Charmante kleine Familienpension mit einfachen Zimmern und einem Restaurant.

- Victoria St. | Port Mathurin
- Tel. 831-2784
- www.hotelflamboyant.com

Restaurant

Le Marlin Bleu ●

Restaurant mit guter einheimischer Küche und freundlichem Service. Auch wunderbar für einen Drink am Nachmittag.

- Anse aux Anglais

Ausflüge

Entlang der Küste nach Grand Baie 2

Von Port Mathurin führt eine Teerstraße über **Anse aux Anglais** in östlicher Richtung in die 5 km entfernte Bucht von **Grand Baie**, in der einige verstreute Häuschen liegen. Unterwegs passiert man die **Pointe Venus** 3; von hier aus beobachtete der Astronom Abbé Pingré im Mai 1761 erstmalig den Planeten Venus. Heute befindet sich hier ein recht großes Hotel auf einer Anhöhe. An der **Anse aux Anglais** 4 wird noch immer ein Piratenschatz vermutet,

Flechtarbeiten von Rodrigues sind ein beliebtes Souvenir

allerdings soll er nicht der einzige auf der Insel sein… Hier befinden sich mehrere Gästehäuser und kleine Hotels. Die Dorfjugend kickt jeden Nachmittag bei Ebbe im trockenen Bett des Meeresarmes. Ein kurzer, aber lohnenswerter Marsch führt von Grand Baie zum einsamen Strand **Baladirou** 5, wo man in Ruhe picknicken und bei einem Bad im Meer entspannen kann (30 Min, einfacher Weg).

Hotels

Domaine de la Paix ●●

Persönlich geführtes Boutique-Gästehaus mit Pool und geschmackvollen Zimmern mit Blick aufs Meer und teilweise mit Selbstversorgerküche. Bar, auf Anfrage auch Mahlzeiten.

- Anse aux Anglais/Terre Rouge
- Tel. 933-7770
- www.vacances-rodrigues.com

Les Cocotiers ●

Kleines, etwas in die Jahre gekommenes Hotel direkt am Strand, Restaurant mit kreolischer Küche.

- Anse aux Anglais
- Tel. 831-2866 oder
- Tel. 831-1058-9
- www.maurinet.com

Rodrigues hat sich auf Rinderzucht spezialisiert

Im Boot zur Vogelinsel: Ile aux Cocos 6

Ein beliebtes Ziel ist die Ausflugsinsel Ilot Coco (oder auch Ile aux Cocos), eine 1,5 km lange, flache Sandbank, die mit Filaos, Kokospalmen und Akazien bewachsen ist, und auf der Tausende von Vögeln nisten. Zu ihrem Schutz wurde ein Teil der Insel für Tagesbesucher geschlossen. Häufig halten sich hier weiße Fregattvögel *(Vièrge)*, schwarze Macouas, *Yéyé* (Seeschwalben, *Sterne Brunes*), weiße Sturmvögel *(Maleines)* und weitere Arten auf, die in Astgabeln ihre Nester bauen. Ein schöner Rundweg führt durch einen Teil des Nistgebiets. Im seichten Wasser kann man kaum baden, jedoch am pulvrigen Sandstrand entspannen. Erst-! klassig

Ab Port Mathurin benötigt eine Motorpiroge etwa 2 Std., ab Baie du Nord ca. 1 Std. Bei der Anfahrt muss der Kapitän das Boot geschickt durchs seichte Wasser der Fahrrinne lotsen und viele Korallenstöcke umfahren. Bei Ebbe watet man vor der Abfahrt etwa 20 Minuten lang durchs nur Zentimeter tiefe Wasser der Lagune bis zum weit entfernt ankernden Boot.

Gleich nördlich der Ilot Coco liegt die etwas kleinere Ile aux Sables (Ilot Sables). Auch auf ihr brüten riesige Vogelkolonien; als Naturschutzgebiet ist sie für Besucher nicht zugänglich.

Eine Sandbank: die Vogelinsel Ile aux Cocos

Anse Mourouk 7

Vor der Südwestküste liegen zahlreiche unbewohnte Inselchen. Schon von fern hört man von der Ile Crabe das Blöken der Schafe, die im Rahmen eines staatlichen Entwicklungsprogramms dort gezüchtet werden. Nur beim Mourouk Ebony Hotel gibt es einen gepflegten Sandstrand, aber auch hier ist das Wasser bei Ebbe zu seicht zum Schwimmen. Hingegen tummeln sich fast das ganze Jahr über Wind- und Kitesurfer in der Lagune – es weht stetig eine kräftige Brise und der Surf-Spot ist unter Kennern sehr beliebt.

Hotel

Mourouk Ebony Hotel ●●

Erst-! klassig

Hübsches, persönlich geführtes Bungalowhotel mit 30 komfortablen Zimmern und anspruchsvoller Küche. Tauchschule, Kite- und Windsurfzentrum. Ein paradiesischer Ort voller Ruhe und Beschaulichkeit.

- Pâté Reynieux | Mourouk
- Tel. 832-3351
- www.mouroukebonyhotel.com

Ausflug ins bergige Inselinnere

Die in west-östlicher Richtung verlaufende Inselhauptstraße führt über den 396 m hohen **Mont Limon** 8. Hier zweigt ein schmaler Pfad ab, der in wenigen Minuten auf den Gipfel führt, wo sich ein herrlicher Blick über die Insel eröffnet.

In der Ortschaft **Saint Gabriel** 9 liegt das größte Gotteshaus des Indischen Ozeans, die 1939 fertig gestellte katholische Kirche St. Gabriel, die bis zu 2000 Gläubige fasst. Das dunkle Gebäude aus Korallensteinen ist innen recht schlicht. Sonntags strömen Tausende festlich gekleidete Menschen hierher. Viele junge Mädchen verlassen nur zum Kirchgang das Elternhaus, und so halten sich immer Scharen von jungen Männern in der Nähe des Kirchengebäudes auf, um einen Blick auf die potentiellen Heiratskandidatinnen werfen zu können.

In **Quatre Vents** 10 scheint der Wind tatsächlich aus vier Himmelsrichtungen gleichzeitig zu wehen, wegen der hohen Lage bieten sich

› Karte S. 101

Fliegende Hunde

von hier aus schöne Blicke über die Insel bis zur Küste.

Pointe Coton 11

Im Osten von Rodrigues befinden sich die schönsten Strände der Insel, darunter die traumhafte Badebucht des Cotton Bay Hotel an der Pointe Coton. Der Felsen Roche Bon Dieu, den man auf dem Weg dorthin passiert, soll einst direkt vom Himmel auf die Erde gefallen sein. Wie ein Geschenk des Himmels wirkt auch die herrliche Lagunenlandschaft mit türkisblauem Meer und weißen Stränden an der Pointe Coton. Weiter im Süden warten einsame Küstenabschnitte und herrliche Strände, zu denen man allerdings nur zu Fuß gelangt › **Ausflug unten.**

SEITENBLICK

Putzige Inselbewohner

Hier sind viele rötlich-braune *fruit bats* oder *flying foxes* zu Hause. Diese seltenen kleinen Fliegenden Hunde (Flughunde, zoologisch Pteropodidae) kann man bei Einbruch der Dunkelheit beobachten, wenn sie in den Obstbäumen Futter suchen.

Hotel

Cotton Bay ●●

Bei Naturliebhabern und Hochzeitsreisenden beliebte Hotelanlage; komfortable Zimmer in einstöckigen Bungalows mit Meerblick.

- Pointe Coton
- Tel. 831-8001
- www.cottonbayhotel.biz

Ausflug entlang der Küste nach Petit Gravier 12

Besonders schön ist eine Küstenwanderung von Pointe Coton über St. François bis Petit Gravier, entlang der schönsten Strände der Insel: Anse Bouteille (Flaschenbucht) und Trou d'Argent (Silberloch), an denen man auch herrlich schnorcheln kann (ca. 4 Std. einfacher Weg). Am Wegesrand bieten sich Einblicke ins Leben der Bevölkerung, in Landschaftsformen, Flora und Fauna.

Zwischenstopp: **Restaurant**

Mazavaroo ●●

Meerespezialitäten je nach Tagesangebot und einheimische Gerichte am Strand von St. Francois.

- St-Francois
- Tel. 831-8816

Wanderungen durch die Lavalandschaft am Vulkan sind ein Highlight

La Réunion: Der Norden und Westen

Das Beste!

- Ein Bummel über den Wochenmarkt in St-Paul › S. 117
- Den Ausblick vom Piton Maïdo genießen › S. 118
- Eine Wandertour in den Cirque de Cilaos › S. 120
- Die schönen Strände und das quirlige Nachtleben in St-Gilles auskosten › S. 121

› Karte S. 110

Von den schönsten Badestränden der Insel ist es nur ein Katzensprung zu den beeindruckenden Talkesseln von Cilaos und Mafate.

Ein Besuch auf La Réunion beginnt fast immer im Norden der Insel, da hier die Hauptstadt sowie der internationale Flughafen liegen. Wer zum Strand will, muss in den Westen weiterfahren.

St-Denis, die Hauptstadt Réunions, ist Handels-, Kultur-, Bildungs- und Verwaltungszentrum. Sie wirkt in manchen Teilen fast europäisch, bietet jedoch eine bunte Mischung aus Modernität und kolonialer Vergangenheit.

Die spektakuläre Route du Littoral führt unterhalb eines Steilhangs entlang der Küste in den Westen nach La Possession, wo die Insel einst für Frankreich in Besitz genommen wurde. Internationaler Umschlagplatz ist der große Hafen von Le Port, die Stadt selbst wirkt trotz ihrer Bedeutung für die Wirtschaft der Insel recht verschlafen.

Picknick im Cirque de Cilaos

Südwestlich davon beginnt die Sonnenseite von La Réunion; dieser wärmste und sonnigste Teil der Insel reicht von der Bucht von St-Paul bis hinab nach St-Pierre. Hier befindet sich die größte Lagune mit den schönsten Badestränden und den meisten Unterkünften; Wassersport wird hier groß geschrieben.

Vor allem die Küstenorte Boucan-Canot, St-Gilles-les-Bains, La Saline und L'Hermitage halten ein breites Angebot für Touristen bereit; es gibt Bars, Restaurants, Diskotheken, Konzerte und Attraktionen. Während in den Städten und Badeorten an der Westküste reger Betrieb herrscht, dominiert im Innern der Insel die faszinierend unbezähmte Natur.

Im selbst heute nur zu Fuß oder mit dem Hubschrauber erreichbaren Cirque de Mafate leben Nachfahren entlaufener Sklaven, von denen einige das Meer nur vom Hörensagen kennen. Der Cirque de Cilaos ist nicht minder eindrucksvoll, allein schon die Fahrt in den Talkessel ist einmalig. Zahlreiche Schluchten, Wälder, Gipfel und Wasserfälle locken Wanderer und Extremsportler an.

Touren in der Region

Tour 13 Rundtour in die Höhen und ans Meer

Tour-Übersicht:

Verlauf: **St-Leu › Kelonia › Jardin Botanique de Mascarin › Les Colimaçons › Stella Matutina › St-Leu**

Länge: 1 Tag

Praktische Hinweise:
Die Strecke ist sehr kurvenreich, fahren Sie sehr vorsichtig. Entgegenkommende Fahrzeuge, vor allem Busse und LKWs, hupen häufig kurz vor Kurven; dann unbedingt anhalten, um diese Gefährte vorbeizulassen.

Tour-Start:

Vom Ortszentrum in **St-Leu** › S. 123 fährt man nach Norden bis zum **Kélonia-Observatorium für Meeresschildkröten** › S. 124 an der Pointe des Châteaux. Gegenüber der Anlage führt eine Straße nach Les Colimaçons und weiter nach **Les-Colimaçons-les-Hauts.** Auf dem einstigen Besitz des Grafen de Chateauvieux hat man das **Conservatoire Botanique National de Mascarin** gegründet. Das wunderschöne, 12 ha große Gelände dient als Konservatorium für die bedrohten Pflanzen Réunions; ein Rundgang bezieht auch die Besichtigung der Wohngebäude und Produktionsanlagen mit ein (Tel. 02 62 24 92 27, www.cbnm.org, Di–So 9–17 Uhr).

Die reizvolle Höhenstraße D3 führt über La Chaloupe St-Leu durch viele Flusstäler am Bergrücken entlang bis nach Le Plate. Hinter dem Dorf zweigt die D15 nach Piton St-Leu ab, über Hunderte von Kurven geht es hinab nach Stella, wo sich in einer ehemaligen Zuckerfabrik das interessante **Museum Agricole et Industriel Stella Matutina** befindet (Di–So 9.30–17.30 Uhr). Es wird nach Renovierungsarbeiten im Herbst 2013 wiedereröffnet. Von hier ist es nicht mehr weit bis zur Küstenstraße, auf der man von Süden zurück ins Zentrum von St-Leu gelangt.

Tour 14 In den ***Cirque de Cilaos

7

Tour-Übersicht:

Verlauf: **St-Louis › Cilaos › Bras Sec › Wanderung nach Le Pavillon**

Länge: 2–3 Tage

Praktische Hinweise:
Auf der kurvenreichen, an Steilhängen entlangführenden Straße sollte man sehr vorsichtig fahren und auf Steinschlag und entgegenkommende Fahrzeuge achten, die häufig hupen. Halten Sie nicht an unübersichtlichen Stellen, sondern nur in dafür vorgesehenen Buchten. Bei Nässe ist besondere Vorsicht geboten, meiden Sie die Strecke nach Stürmen.

Touren auf Réunion

Tour 4

Zwei Wochen Réunion auf Schusters Rappen

St-Denis › Roche Ecrite › Mafate › Cilaos › Piton des Neiges › Salazie › Plaine des Palmistes › Piton de la Fournaise › St-Philippe (Tourenbeschreibung › S. 18)

Tour 13

Rundtour in die Höhen und ans Meer

St-Leu › Kelonia › Les Colimaçons v St-Leu

Tour 14

In den Cirque de Cilaos

St-Louis › Cilaos › Bras Sec › Le Pavillon

Tour 15

Entre-Deux und Le Dimitile

St-Louis › Entre-Deux › Dimitile

Tour 16

In den Cirque de Salazie

St-André › Salazie › Hell-Bourg › Bélouve

Tour 17

Zu Seen, Wasserfällen und in den Urwald

St-Benoît › Grand Etang › Plaine des Palmistes › Bélouve › Trou de Fer

Tour 18

Fahrt zur Mondlandschaft rund um den Piton de la Fournaise

St-Pierre › Bourg-Murat › Piton de la Fournaise

St-Denis
Parc zoologique
Le Chaudron
Ste-Marie
Ste-Suzanne
Rivière des Pluies
Le Brûlé
Le Colosse
St-André
Bras-Panon
Coop. de Vanille
Bassin La Paix
Bassin La Mer
Rivière du Mât
Rivière de Roches
Création du Parc National de La Réunion
La Roche Ecrite
2277
Grand-Ilet
Cirque de Salazie
Salazie
Le Bélier
Piton d'Enchaing
Cascades du Voile de la Mariée
Forêt de Bélouve
Gîte de Bélouve
Hell-Bourg
Ilet à Bourses
Mafate
La Nouvelle
Piton des Neiges
3070
Col du Taïbit
Cirque de Cilaos
Cilaos
Bras Sec
Ilet à Cordes
La Fenêtre
Le Dimitile
Le Pavillon
Bras de Cilaos
Forêt de Bébour
TAKAMAKA
Col de Bébour
La Petite Plaine
St-Benoît
Ste-Anne
Chemin de Ceinture
Le Grand Etang
La Plaine-des-Palmistes
Ste-Rose
Piton-Ste-Rose
Rivière de l'Est
Anse des Cascades
Bois Court
Bourg-Murat
2136
Nez de Bœuf
Pas de Bellecombe
2202
Formica Léo
Piton de la Fournaise
2631
La Pleine-des-Cafres
Plaine des Sables
CALDERA ENCLOS FOUQUÉ
Morne Langevin
2315
Entre-Deux
Rivière des Remparts
La Rivière
Exotica
Le Tampon
Rempart du Tremblet
Brûlé du Takamaka
Le Tremblet
Grand Galet
Cascade de la Grande Ravine
Taka-maka
Pointe de la Table
Forêt de St-Philippe
Réserve Nationale de Mare-Longue
Puits arabes
St-Pierre
Petite-Île
Vincendo
Basse Vallée
St-Philippe
Puits des Anglais
Puits des Français
Grande Anse
St-Joseph
Langevin
Cap Méchant
INDISCHER OZEAN

Tour-Start:

Zu Beginn des 19. Jhs., als die Thermalquellen von Cilaos entdeckt wurden, ließen sich die Kranken und Reichen von Trägern auf das 1200 m über dem Meeresspiegel gelegene Hochplateau in diesem zerklüfteten Cirque hinaufbringen. **Le Pavillon,** wo die Bergflüsse Petit und Grand Bras de Cilaos brausend zusammenfinden, war einst der erste Rastplatz für die müden Träger. Die Streckenführung oberhalb von Le Pavillon ist kurios: Eine kurvenreiche Anfahrt führt zu einer Brücke, die die beiden Teilstücke der Bergstraße miteinander verbindet. Von **Cilaos** › S. 125, dem höchstgelegenen Thermalbadeort im Indischen Ozean, bietet sich ein herrliches Panorama mit dem ****Piton des Neiges** (3070 m) › S. 120 und dem **Grand-Bénard-Massiv** (2896 m). Es lohnt sich, einige Übernachtungen in Cilaos einzuplanen, um durch die faszinierende Bergwelt zu wandern und vielleicht zum höchsten Gipfel der Insel hinaufzusteigen. Auch Kletterer, Mountainbiker und Canyoning-Begeisterte finden hier ein geeignetes Terrain. Südwestlich von Cilaos liegt **Ilet à Cordes** › S. 112 in der Einsamkeit der Berge. Der 22 km lange Abstecher in das Bergdorf beginnt oberhalb der Kirche von Cilaos und führt vorbei am Wanderweg zum Col du Taïbit.

Sie folgen nun der Straße in Richtung Osten nach **Bras Sec** durch dichte Nadelholzwälder, in denen der Wanderweg auf den Piton des Neiges beginnt. Alternativ führt eine schöne, aber anstrengende Wanderung von der Ortsmitte entlang dem kleinen See über das Gelände der ehemaligen Thermen durch mehrere Flusstäler nach Bras Sec. Dort beginnt die Wanderung nach Palmiste Rouge, vorbei am Bergmassiv des Bonnet de Prêtre (Priesterhaube).

Man kann mit dem Bus zurückkehren oder vorbei an den Hütten des idyllischen Fleckens Ilet Haut weiterwandern bis nach **Le Pavillon,** wo es Busverbindungen gibt (Länge: 13 km, ca. 6 Std. – hin und zurück).

Tour 15 Entre-Deux und Le Dimitile

Tour-Übersicht:

Verlauf: St-Louis › Pierrefonds › Entre-Deux › Wanderung zum Dimitile

Länge: 1–2 Tage

Praktische Hinweise:

- Die Anfahrt nach Entre-Deux führt durch ein schönes, tiefes Flusstal. Die Strecke hinauf zum Dimitile ist unbefestigt und nur mit einem Allradwagen zu bewältigen.
- Schöner und lohnenswerter ist die Wanderung, die aber stets bergan führt (gute Kondition erforderlich).
- In den Höhen von Le Dimitile liegen einige Pensionen und Wanderhütten; es lohnt sich, hier zu übernachten, da die Aussicht in den Cirque de Cilaos frühmorgens am besten ist und nach 9 Uhr meistens durch Wolken versperrt wird. Auch in Entre-Deux gibt es Unterkünfte.

Tour-Start:

Entre-Deux ist ein kleines, verträumtes kreolisches Dörfchen mit schönen blumengeschmückten Häusern im traditionellen Stil. Es liegt recht abseits oberhalb von St-Louis, ca. 15 km von St-Pierre entfernt, in einem hübschen Tal und ist sicher eine der schönsten Inselsiedlungen.

Von hier aus starten Wanderwege zum Aussichtspunkt **Le Dimitile** über den ***Cirque de Cilaos**. Die schönste, wenn auch längste Route nimmt einen kleinen Umweg über Le Zèbre und La Grande Jument. Die Strecke ist beschildert und markiert. Am Aussichtspunkt befindet man sich an der südöstlichen Cirquewand, gegenüber vom Aussichtspunkt La Fenêtre (einfache Strecke: 8 km, ca. 4 Std.).

Lebhaftes Treiben herrscht in der Rue du Maréchal-Leclerc

Unterwegs im Norden und Westen

St-Denis 1

Die Hauptstadt von Réunion zählt rund 220 000 Einwohner, sie lässt sich in einem halben Tag bequem erkunden. Ihre Entwicklung geht auf den ideenreichen Gouverneur Mahé de Labourdonnais zurück. Er ernannte 1735 das damalige Dorf zum Sitz der Kolonialverwaltung, begann mit dem Ausbau des Hafens und legte die Innenstadt schachbrettartig an. Rund 100 Jahre später ließen sich die reichen Zuckerbarone hier Prachtvillen erbauen, in denen sie angemessen repräsentieren und feiern konnten. Dennoch blieb St-Denis eine verträumte Kleinstadt, bis 1946 mit der Ernennung zur Hauptstadt des französischen Übersee-Départements Réunion neue Zeiten anbrachen. Im Zentrum herrscht Parkplatznot, auf den Hauptverkehrsadern drängeln sich die Fahrzeuge, die Vororte und Nachbarstädte werden immer dichter besiedelt. Neben den alten Kolonialvillen stehen moderne Bürogebäude, und an den Berghängen, die St-Denis im Süden begrenzen, ziehen sich exklusive Wohnviertel hinauf.

Die **Place du Barachois** Ⓐ eignet sich sehr gut als Ausgangspunkt für

› Karte S. 110, 115

einen Stadtrundgang. Das **Hôtel de la Préfecture** B ließ die Ostindien-Kompanie als Kaffeespeicher errichten. Später wurde er zum prachtvollen Repräsentationsbau, dem Gouverneurspalast, erweitert. Heute arbeitet hier der Präfekt; eine Besichtigung ist nicht möglich. Im benachbarten Park steht ein **Standbild des Gouverneurs Mahé de Labourdonnais** C. Vor allem in der Avenue de la Victoire, der ***Rue de Paris,** der Rue de Nice und der Rue Rontaunay sind noch einige Kolonialvillen erhalten, unter denen das **Palais Rontaunay** D mit seinem prächtigen Garten zu den schönsten zählt. Im Giebel der schlichten, weißen **Kathedrale Ste-Marie** E ist die Leidensgeschichte des hl. Dionysius (St-Denis) dargestellt. Gegenüber steht ein altes Gebäude der **Universität** F aus dem 18. Jh. Die meisten Fakultäten und Institute befinden sich heute auf dem modernen Campus im Vorort Chaudron. Die mit zahlreichen Säulen versehene, direkt angrenzende **Zweite Präfektur** G umgibt ein kleiner tropischer Park. Die Siegessäule, die an das Ende des Ersten Weltkrieges erinnert, markiert den Beginn der Rue de Paris, in der das **Alte Rathaus** H steht. Die Rue du Maréchal-Leclerc gilt als Haupteinkaufsstraße. Banken, Warenhäuser und elegante Boutiquen wechseln sich ab, Straßenhändler werben um Kunden. Im westlichen Teil der Straße liegen die **Markthallen** I des Grand Marché, in dem Kunsthandwerk und Souvenirs, vor allem aus Madagaskar, verkauft werden.

Im **Musée Léon Dierx** J in der Rue de Paris ist neben den Werken des einheimischen Malers Léon Dierx eine Sammlung moderner Malerei mit Bildern von Gauguin, Henri Matisse und Pablo Picasso zu sehen. Das 1846 errichtete Haus diente einst als Bischofsresidenz (Di bis So 9.30–17.30 Uhr).

Der mit altem Baumbestand bestückte ***Jardin de l'Etat** K ist etwa 300 m entfernt. Zwischen den tropischen Bäumen und Büschen, die von Pierre Poivre angelegt wurden, liegt das **Naturgeschichtliche Museum** L in den Räumen des ehemaligen Justizpalastes (Di–So 9.30 bis 17.30 Uhr). Es informiert über Fauna, Gesteine und Mineralien der Insel.

In der Fußgängerzone Rue du Maréchal-Leclerc befindet sich das **Hauptpostamt** M. Schon von weitem erkennbar ist das hohe Minarett der 1905 erbauten **Großen Moschee** N, deren schlichtes Inneres besichtigt werden darf. Auf dem **Kleinen Markt** O in der Rue Ste-Anne herrscht am Vormittag (außer sonntags) dichtes Gedränge um die Obst- und Gemüsestände. Die angrenzende Rue des Limites markierte einst die Grenze zwischen bürgerlichen Besitzungen und den Zuckerrohrfeldern außerhalb der Stadt.

Im ehemaligen chinesischen Viertel, dem Zentrum des Buddhismus, liegt ebenfalls in der Rue Ste-Anne die **Pagode Guan-Di** P. Der hinduistische **Tamoul-Tempel** Q eine Straße weiter stadtauswärts ist Shiva und dem Elefantengott Ganesha geweiht, er kann nicht besichtigt werden.

An der Uferpromenade, an der zahlreiche Restaurants um Kundschaft werben, lädt der **Park Le Barachois** Ⓡ zu einer Rast ein; er wurde 2008 neu gestaltet und aufgewertet. Insbesondere am frühen Abend kann man von hier aus den Sonnenuntergang genießen. Hier verlief früher die alte Inseleisenbahn von St-Benoît nach St-Pierre. Sie wurde Anfang der 1960er-Jahre stillgelegt und dafür die ***Route du Littoral**, die vierspurige Küstenstraße nach La Possession, ausgebaut. Nach 13 Jahren Bauzeit konnte die damals teuerste Autobahn der Welt eingeweiht werden – 250 Mio. Francs (über 38 Mio. €) wurden investiert, und Jahr für Jahr kommen Unsummen für die Instandhaltung hinzu, denn jedes Unwetter bringt Überschwemmungen, löst Felsbrocken aus den Steilwänden und erfordert neue Sicherheitsmaßnahmen.

Info

Office de Tourisme Intercommunal du Nord

- Maison Carrère | 14, rue de Paris
- Tel. 02 62 41 83 00

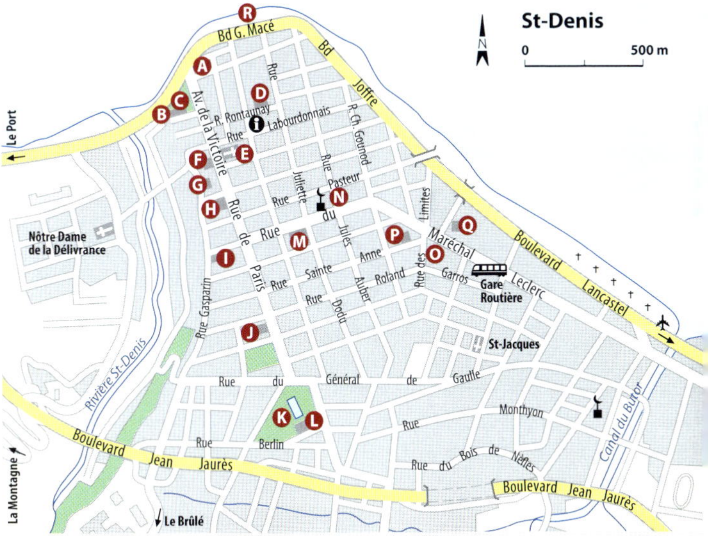

- Ⓐ Place du Barachois
- Ⓑ Hôtel de la Préfecture
- Ⓒ Standbild des Gouverneurs Mahé de Labourdonnais
- Ⓓ Palais Rontaunay
- Ⓔ Kathedrale Ste-Marie
- Ⓕ Universität
- Ⓖ Zweite Präfektur
- Ⓗ Altes Rathaus
- Ⓘ Markthallen
- Ⓙ Musée Léon Dierx
- Ⓚ Jardin de l'Etat
- Ⓛ Musée d'Histoire Naturelle (Naturgeschichtliches Museum)
- Ⓜ Hauptpostamt
- Ⓝ Große Moschee
- Ⓞ Kleiner Markt
- Ⓟ Pagode Guan-Di
- Ⓠ Tamoul-Tempel
- Ⓡ Park Le Barachois

- www.nord.reunion.fr
- Mo–Sa 9–18 Uhr

Centrale d'Information et de Reservation Ile de la Réunion

- 5 bis, rue Rontaunay
- Tel. 02 62 90 78 78 oder 08 10 16 00 00
- www.reunion-nature.com
- www.reunion.fr
- Mo–Fr 9–17, Sa 9–12 Uhr

Internat. Flughafen Roland Garros

- ca. 10 km östl. der Hauptstadt
- Tel. 02 62 48 80 00
- www.reunion.aeroport.fr
- Shuttlebusse verkehren in die Stadt zur Gare Routière von 7 bis 19.45 Uhr, Tel. 08 00 65 56 55

Zentraler Busbahnhof (Gare Routière)

- Rue du la Gare Routière, direkt am Meer
- Tel. 02 62 41 51 10, 08 10 12 39 74

Hotels

Le Juliette Dodu ●●●

Stadthotel in einem kreolischen Herrenhaus in zentraler, aber ruhiger Lage; 43 Zimmer und Suiten. Gutes Restaurant, Pool.

- 31, rue Juliette Dodu
- Tel. 02 62 20 91 20
- www.hotel-juliette-dodu.com

Le Central Hôtel ●●

Ordentliches Stadthotel in zentraler Lage, ruhigere Zimmer zum Innenhof. 57 Zimmer, auch Familienzimmer.

- 37, rue de la Compagnie
- Tel. 02 62 94 18 08
- www.centralhotel.re

Villa Angélique ●●●

Charmantes Hotel mit neun geschmackvoll eingerichteten Zimmern in einer historischen, kreolischen Villa im Zentrum. Bar, Restaurant, Wifi.

- 39, Rue de Paris, St. Denis
- Tel. 02 62 48 41 48
- villa-angelique.com

Restaurants

Le Gadiamb ●●

Terrassenrestaurant mit ausgezeichneter kreolischer Küche in schöner Villa.

- 104, Rue Roland Garros
- Tel. 02 62 20 10 79

Le Reflet des Iles ●●

Hervorragende kreolische Küche.

Erst-! klassig

- 27, rue de l'Est
- Tel. 02 62 21 73 82
- Mo geschl.

Le Roland Garros ●●

Ein Hauch von Pariser Bistro an der Uferpromenade. Französische, kreolische und britische Küche

- 2, place du 20 décembre 1848
- Barachois
- Tel. 02 62 41 44 37

Shopping

Grand Marché

Bunte Stände voller einheimischer und importierter Waren und Souvenirs.

- 2, rue de la Marechal Leclerc
- Mo–Sa 9–18 Uhr

Galerie artisanale

- Umfangreiches Angebot von kunstgewerblichen Produkten aus Réunion
- 75, route du Karting (im Supermarché Carrefour), Ste-Clotilde
- Mo–Sa 8.30–18 Uhr

Nightlife

Théâtre de Champ-Fleuri

Bunter Mix aus Theater, Konzerten, Ausstellungen und Tanzvorführungen. Das Programm des Veranstaltungsortes kann man den Tageszeitungen entnehmen.

- 2, rue du Théâtre
- Tel. 02 62 41 93 25
- www.theatreunion.re

Zanzibar Café

In-Pub mit viel Livemusik und jungem Publikum.

- 41, rue Pasteur
- Tel. 02 62 20 01 18

Baccara Casino de St-Denis

Black Jack, amerikanisches Roulette, Baccarat; sehr gutes Restaurant und Bar.

- Place Sarda Garrida, Barachois
- Tel. 02 62 41 90 63
- Tgl. 21.30–1 bzw. 3 Uhr; Spielautomaten tgl. 11–1 bzw. 3 Uhr

St-Paul 2

Das kleine Küstenstädtchen war einst Hauptstadt der Insel, das alte **Rathaus** Sitz der mächtigen Ostindien-Kompanie. Heute geht es zumeist ruhig zu in St-Paul.

8 Am Freitagnachmittag und Samstagvormittag ändert sich dieses Bild jedoch, da dreht sich alles um den **bunten Markt an der Uferstraße:** Händler breiten ihre Waren aus, Menschen aus der ganzen Gegend pilgern zum schönsten Wochenmarkt der Insel. Kreolische Musik ertönt von den Fleischtheken, Produkte werden lautstark angeboten, es wird gefeilscht, gehandelt und

Das Grab des Piraten La Buse in St-Paul

geprüft. Auch die Touristen genießen den Rummel und staunen über das vielfältige, exotische Angebot und die große Auswahl an Mitbringseln und Souvenirs. Viele Besucher bleiben freitags gerne noch nach 18 Uhr, wenn die Händler ihre Stände flink abbauen, um beim Sonnenuntergang in einer der Snackbars am Strand den Tag ausklingen zu lassen.

Auf dem **Cimetière marin** am westlichen Ortsrand wurden neben Seeleuten der auf Réunion geborene Dichter Leconte de Lisle und der berühmt-berüchtigte **Pirat La Buse** beigesetzt. Obwohl der Seeräuber vermutlich kein eigenes Grab bekam und gar nicht hier beerdigt wurde, verehren die Inselbewohner seine Grabstätte wie ein Heiligtum. Am Strand vor St-Paul sowie an den weiter südlich gelegenen Buchten vor dem Cap de la Houssaye kann man nicht baden. In Richtung St-Gilles-les-Bains wird das dunkle Lavagestein an der Küste allmählich von helleren Sandstränden mit Bademöglichkeit abgelöst.

9 Ausflug: Fahrt auf den **Piton Maïdo 3

Zu dem 2203 m hohen Berg und Aussichtspunkt sollte man möglichst früh am Morgen aufbrechen, um von dort einen freien Blick in den zerklüfteten Talkessel von Mafate zu genießen – selbst bei guter Wetterlage sind die hohen Berge spätestens ab Mittag wolkenverhangen. Für die Sehenswürdigkeiten unterwegs ist dann auf dem Rückweg noch Zeit.

Nehmen Sie einen Picknickkorb mit, denn auf der Rückfahrt laden unterhalb des Piton Maïdo herrliche PICKNICKPLÄTZE im Tamarindenwald zu einer Rast ein (am Wochenende überfüllt).

Von St-Gilles-les-Bains fährt man in Richtung St-Gilles-les-Hauts. Die Chapelle Pointue weist den Weg nach **Le Guillaume,** von dort schlängelt sich eine gut befestigte Forststraße hinauf zum Piton Maïdo (Fahrtdauer ca. 1 Std. ab St-Gilles-les-Bains). Am Endpunkt der Straße erreicht man vom Parkplatz mit wenigen Schritten den Aussichtspunkt am Kraterrand des *****Cirque de Mafate,** von dem aus man einen fantastischen Blick über den Talkessel hat. Vom ca. 350 m tiefer gelegenen Ort Roche Plate hört man sogar das Bellen der Hunde, das an der steilen Cirquewand hinaufschallt.

Auf dem Rückweg besteht bei **La Petite France** die Möglichkeit, eine der letzten Produktionsstätten von Parfümöl zu besichtigen, das hier in einem langwierigen Prozess aus den Blättern und Stängeln der Geranien destilliert wird.

Westlich des Dorfes St. Gilles-les-Hauts, in Richtung St-Gilles-les-Bains, passiert man das **Théâtre de Plein Air** und die stillgelegte **Zuckerrohrfabrik l'Eperon.** Auf dem Gelände arbeiten seit einigen Jahren Keramiker, Bildhauer, Schmuckhersteller und andere Künstler im Kunsthandwerkerdorf l'Eperon. Es gibt eine Verkaufsausstellung (Mo–Sa 9–12 und 14–18 Uhr) sowie ein Restaurant mit leichter Küche und einen Pub.

Entlang der Strecke zum Maïdo bieten verschiedene Pensionen *(chambres d'hôtes)* Übernachtungsmöglichkeiten. Adressen sind in der Broschüre RUNGuide aufgeführt, erhältlich bei den Touristeninformationen.

SEITENBLICK

***Cirque de Mafate 4

Mit seinen schroffen Berghängen und den winzigen Dörfern wirkt der Talkessel Mafate überaus unzugänglich. Vom Piton Maïdo › **S. 118** schweift der Blick zu den Gipfeln Roche Ecrite (2277 m), Grand Bénard (2896 m) und dem mächtigen Piton des Neiges (3069 m) › **S. 120**. Der Talkessel selbst ist zu Fuß auf anspruchsvollen Wegen vom Piton Maïdo oder den anderen beiden Talkesseln aus erreichbar. Wanderer können in Berghütten übernachten, müssen aber reservieren (Maison de la Montagne, › **S. 115**). Auch Camping ist vielerorts möglich.

SPECIAL

Wandern auf La Réunion

Die Bergwelt Réunions ist faszinierend und mysteriös zugleich. Jeden Vormittag versinken die Gipfel in den Wolken, der Nebel benetzt die Wedel der Baumfarne mit Tau. Frühaufsteher werden mit fantastischen Blicken auf das schroffe Relief und den blau schimmernden Horizont belohnt. Durchweg gut markierte und unterhaltene Wege führen durch diese bizarre Bergwelt. Doch bedingt durch das tropischfeuchte Klima, die intensive Sonneneinstrahlung und die bisweilen großen Höhenunterschiede sind manche Touren recht anspruchsvoll und anstrengend. Mit plötzlichen Wetterumschwüngen muss gerechnet werden, deshalb sollte man nie ohne warme Kleidung, festes Schuhwerk, Regen- und Sonnenschutz losmarschieren und nur gekennzeichneten Wegen folgen.

Nach 15-jähriger Planungs- und Vorbereitungszeit entstand im März 2008 um den Vulkan Piton de la Fournaise, Grand Bassin und die Primärwälder sowie um die Talkessel von Mafate, Cilaos, Salazie und die Hochebenen ein neuer Nationalpark mit einer Gesamtfläche von 1750 km^2.

Auskünfte über den Zustand der Wege und zu geführten Wanderungen sowie detaillierte Karten erhält man bei der **Centrale de réservation** (www.reunion-nature.com) › **S. 115**, das auch über Übernachtungsmöglichkeiten in den Berghütten informiert (Decken sind vorhanden, in den meisten Hütten ist Verpflegung möglich). Komfortabler als in einer Berghütte *(gîte)* nächtigt man in Pensionen *(chambres d'hôtes)*; Adressen in der Broschüre RUN Guide der Touristeninformationen sowie in den Fremdenverkehrsämtern selbst, wo Sie auch buchen können.

Von Cirque zu Cirque

Cirques – so heißen die drei tiefen, unwegsamen Talkessel von **Cilaos**, **Salazie** und **Mafate**, die wie ein Kleeblatt um den Piton des Neiges liegen. Als dessen vulkanische Tätigkeit erlosch, sackte der Boden um den herausragenden Schlot ab und gewaltige Wassermassen schufen ein einmaliges Kunstwerk aus Lavagestein, umrankt von sattem Grün. Ein dichtes Netz von gut markierten Wegen führt von Cirque zu Cirque; zahlreiche Hütten bieten Unterkunft (s. auch Tour 4).

Auf den **Piton des Neiges 5

Ein Sonnenaufgang auf dem höchsten Gipfel (3070 m) im Indischen Ozean – für viele Wanderer der Traum schlechthin. Planen Sie dafür eine Übernachtung in der einfachen Berghütte Caverne Dufour am Fuß des Gipfels ein. Steil und anstrengend ist der kürzeste Anstieg, der im Cirque de Cilaos beginnt (8 km, 4 Std.); deutlich länger, dafür aber auch sanfter die Variante von Plaine des Cafres (17 km, 6 Std.). Die beiden Anmärsche von Hell-Bourg im Cirque de Salazie verlangen einiges an Erfahrung und Kondition (7 oder 9 Std., anspruchsvoll).

Mondlandschaft um den Vulkan

10

Die Besteigung des noch tätigen Vulkans *****Piton de la Fournaise** zählt zu den Klassikern unter den Gipfeltouren, weniger hingegen die Erkundung seiner Umgebung. Herrliche Ausblicke auf den Vulkan und Lavaflüsse aus neuerer Zeit bietet der Pfad vom Pas de Bellecombe entlang des Kraterrandes Richtung Nez Coupé du Tremblet. Ebenso lohnt der Rundweg zum Morne Langevin oberhalb der Plaine des Sables an die Abbruchkanten der Flüsse Rivière Langevin und Remparts (4 Std., mittelschwer). Kurze Abstecher zum Cratère Commerson und zum Piton de l'Eau versprechen beeindruckende Einblicke in die mondartige Vulkanlandschaft.

Besonders schön ist der Weg vom Col des Boeufs (Le Belier, Cirque de Salazie) über La Nouvelle nach Marla und weiter über den Col du Taïbit nach Cilaos (2 Tage, 14 km, 9 Std., mittelschwer). Alternativ wandert man von Marla über Les Trois Roches zurück nach La Nouvelle (9 km, 4 Std., mittelschwer).

Im **Maison du Volcan** in Bourg-Murat erklärt eine interessante Ausstellung anschaulich das Phänomen der Vulkane und die Entstehung Réunions (bis Herbst 2013 wegen Renovierungsarbeiten geschlossen, Tel. 02 62 59 00 26, www.maisondu volcan.fr, Di–So 9.30–17.30 Uhr).

St-Gilles-les-Bains 6

Erst-! klassig

Boucan-Canot heißt der erste der beliebten Strände, die sich über eine Gesamtlänge von 27 km in Richtung Süden erstrecken. Es ist der nördlichste Vorort von **St-Gilles-les-Bains.** An ihm treffen sich Sonnenanbeter, Surfer und Schnorchler; hinter dem Strand bieten Restaurants und Snackbars Spezialitäten an, zwei Hotels liegen direkt am Strand.

St-Gilles-les-Bains ist der bekannteste Badeort Réunions. Entlang der Hauptstraße reihen sich Lokale, Boutiquen und Supermärkte aneinander, abends locken ein Kasino, Diskos und Nachtklubs. Die Rue du Général-de-Gaulle führt direkt zum modernen Jachthafen mit 350 Liegeplätzen. Einen Eindruck von der Unterwasserwelt rund um die Insel gibt das Meerwasseraquarium am Port de pêche. **Roches Noires** sowie der sich südlich anschließende Ort **L'Hermitage-les-Bains** warten mit schönen Stränden auf; man kann Surfen, Wasserskifahren, Tauchen und Schnorcheln.

Erst-! klassig

Im Jardin d'Eden in Hermitage-les-Bains gedeihen über 700 Arten von tropischen Gewürzen, Heilkräutern, Nutz- und Wasserpflanzen (tgl. außer Fr 10–18 Uhr).

Hotels

Le Saint-Alexis ●●●
Sehr liebevoll gestaltete Anlage mit stillen Patios und diversen anderen Rückzugsmöglichkeiten, direkt am schönen Sandstrand gelegen. Geschmackvoll dekorierte Zimmer.
- Boucan-Canot
- Tel. 02 62 24 42 04
- www.hotelsaintalexis.com

Le Boucan Canot ●●●
Schöne Anlage am Strand; 50 große Zimmer, viele mit Meerblick. Mit Terrassenrestaurant; Kinderermäßigung.
- Boucan Canot
- Tel. 02 62 33 44 44
- www.boucancanot.com

LUX* Ile de la Réunion ●●●
- Eines der besten Strandhotels der Insel mit 173 Zimmern im kreolischen Stil. Großer Pool, Restaurants, Ladenzeile und Miniclub.
- 28, rue du Lagon | L'Hermitage
- Tel. 02 62 70 00 00
- www.luxresorts.com

Hotel Le Récif ●●●
Schöne Anlage am Strand mit zwei Pools, schöner Bar und umfangreichem Sportangebot.
- L'Hermitage
- Tel. 02 62 70 01 00
- hotellerecif.com

Alamanda Hotel ●●
Hotelanlage im kreolischen Stil mit 58 geräumigen Zimmern. Mit Fitnessstudio, Liegewiese und Pool.
- 81, ave. de Bourbon | L'Hermitage
- Tel. 02 62 33 10 10
- www.alamanda.fr

Restaurants

Le Saint-Gilles ●●
Erst-! klassig
Meeresfrüchte, köstlich zubereitet.
- Am Jachthafen
- Tel. 02 62 24 51 27
- Mo geschl.

› Karte S. 110

Der beliebte Strand von Boucan-Canot

Le Piccolo ●–●●
Alteingesessenes Lokal mit guter italienischer und französischer Küche.
- 99, rue du Général-de-Gaulle
- Tel. 02 62 24 51 51

Nightlife

Moulin du Tango
Retro-Disko
- St-Gilles
- Tel. 02 62 24 53 90
- Mi, Fr, Sa, vor Feiertagen 22–4 Uhr

Théâtre de Plein Air
Erst-! klassig
Von März bis Dezember Shows und Konzerte für 1000 Zuschauer.
- Route du Théâtre
- Tel. 02 62 24 47 71

La Rhumerie
Belebter Pub, spätabends tanzen die Gäste bisweilen auf den Tischen.
- 68, rue du Général-de-Gaulle
- Tel. 02 62 24 55 99

Casino de St-Gilles
- L'Hermitage
- Tel. 02 62 24 47 00
- Mo–Do 23–1.30 Uhr, Fr, Sa und vor Feiertagen 23–3.30 Uhr; Spielautomaten Mo–Sa 22–1.30 bzw. 3.30 Uhr

Ausflüge

Kolonialgeschichte in St-Gilles-les-Hauts 7

Viele auf Réunion verkaufte Postkarten zeigen noch die Wasserfälle von Trois Bassins kurz vor St-Gilles-les-Bains. Sie sind jedoch seit Mitte 2003 aus offiziell Naturschutzgründen nicht mehr zugänglich.

In den Ort **St-Gilles-les-Hauts** hatte sich einst eine der reichsten Familien des Landes zurückgezogen. Im ehemaligen Wohnhaus der Zuckerbaronin Madame Desbassayns befindet sich heute das ***Musée de Villèle** (tgl. außer Mo und feiertags 9.30–17.30 Uhr). Hier wird anschaulich vorgeführt, wie im 18. Jh. verschiedene Bevölkerungsschichten ihr Leben fristeten. Die mit Originalmöbeln eingerichtete Villa lässt noch viel vom einstigen Reichtum der Gros Blancs erahnen. Auf dem 10 ha großen Gelände steht auch die Chapelle Pointue, die die religiöse Madame Desbassayns im hohen Alter stiftete. Heute wohnen einige tamilische Hindus in St-Gilles-les-Hauts. Sie errichteten den **Temple Misère** (Zufahrt über Rue Mahatma-Gandhi), wo alljährlich eindrucksvolle Zeremonien wie z.B. der Feuergang (Marche sur le Feu) › S. 58 und farbenprächtige Prozessionen stattfinden. Die genauen Termine der Feierlichkeiten erfragt man am besten direkt im Tempel.

Strandwanderung entlang der Lagune

Südlich des Hafens von St-Gilles beginnt die größte Lagune der Insel. Sie erstreckt sich über eine Länge von 24 km und wird von einem breiten Sandstrand gesäumt. Das sie schützende Korallenriff wird immer wieder von der Macht der Wellen und Stürme beschädigt – davon zeugen die vielen Korallenstückchen, die den Sand durchsetzen. Wer ausgiebige Strandspaziergänge liebt, ist hier richtig und kann bis nach Trou d'Eau am Ortsausgang von La Saline-les-Bains laufen; auch viele Jogger haben das Terrain für sich entdeckt. Es empfiehlt sich, vor allem bei Ebbe an der Küste entlang zu laufen, unterwegs gibt es Einkehrmöglichkeiten in Strandbars.

St-Leu 8

St-Leu ist das Mekka der Wellenreiter und Gleitschirmflieger. Überwiegend lange Wellen und Left-Handers – von rechts nach links auslaufende Wellen – rollen ans Ufer, nichts für Ungeübte, denn das Riff liegt sehr nah unter der Wasseroberfläche. Jedoch Vorsicht! Da es 2012 mehrfach zu Haiattacken kam, sollte man sich spätestens vor Ort über die Surfmöglichkeiten erkundigen. Wenn der Wind nicht zu stark ist, starten täglich Hunderte von Gleitschirmfliegern in den Höhen von St-Leu zu einem Flug. Sie landen meistens am Strand neben dem Schildkrötenobservatorium Kelonia – ein sehens- und erlebenswertes Schauspiel. Tandemflüge werden täglich von verschiedenen Flugschulen angeboten › S. 36.

Zur Zeit des florierenden Kaffeehandels zwischen der Ile Bourbon, Mauritius und dem Mutterland war St-Leu die reichste Gemeinde auf der Insel. Ein Zeugnis vergangenen Wohlstands ist das mit Schindeln aus Tamarindenholz gedeckte Dach des alten Rathauses, ein ehemaliges Gebäude der Ostindien-Kompanie.

Am 19. September pilgern Tausende von gläubigen Katholiken aus ganz Réunion zur Wallfahrtskirche **Notre-Dame-de-la-Salette,** wo sie um Schutz vor Krankheit und Not bitten.

› Karte S. 110

Erst-! klassig Kurz vor St-Leu liegt das Forschungszentrum Kélonia-Observatorium für Meeresschildkröten (Tel. 02 62 34 81 10, www.kelonia.org). Ziel ist, den Tieren auf Réunion wieder zu Eiablageplätzen zu verhelfen und verletzte Schildkröten zu pflegen (tgl. 9–18 Uhr).

Auf der Strecke zur südlichen Autobahnauffahrt von St. Leu befindet sich in einer ehemaligen Zuckerfabrik das Museum **Stella Matutina** 9, das sich der Landwirtschaft, Industrie und Zuckerproduktion der Insel widmet. Es wird 2013 renoviert und soll gegen Ende des Jahres neu eröffnen mit einer modernisierten, interaktiven Ausstellung (Di–So, 10–17 Uhr).

Weiter südlich passiert man die Saline an der Pointe au Sel, hier widmet sich das kleine **Musée du Sel** dem Thema Salz (mit Verkaufsladen). Ein Rundgang über die Klippen ist wunderschön (Di–So 9.30 bis 17 Uhr, Tel. 02 62 34 67 00).

Der Wind peitscht den Ozean in die Felsenhöhlen von **Le Souffleur** auf halber Strecke nach Etang-Salé-les-Bains und lässt ihn zu pfeifenden Fontänen hochschießen. Kein Riff schützt die Küste hier im Südwesten, das hat schon manch Klippenkletterer das Leben gekostet.

Hotel

Iloha Seaview Hotel ●●
Komfortable Bungalows und Zimmer mit Blick auf die Bucht; Pool. Spezialität des Restaurants: Fischgerichte.

- Pointe des Châteaux, St-Leu
- Tel. 02 62 34 89 89
- www.iloha.fr

Etang-Salé-les-Bains 10

Vor dem hübschen, lang gestreckten Badeort beginnt ein langer dunkler Sandstrand, an dessen Südende man weitgehend gefahrlos ins Wasser gehen kann. **Erst-! klassig** Hier befindet sich auch der Wasserpark Akoatys mit Rutschen, den Kinder und Jugendliche besonders schätzen (im Winter geschl., Tel. 06 92 02 41 00, www.akoatys.com).

Im Ortsteil Etang-Salé-les-Hauts hat der **Croc Parc**, eine Krokodilfarm, ihre Zelte aufgeschlagen, wo aus Madagaskar importierte Nilkrokodile, Enten und Pfaue gehalten werden. Angeschlossen sind ein Modelldorf mit Rathaus, Post, Kirche, Laden und Snackbar sowie eine Reitbahn und Minigolfanlage (1, route forestière, tgl. 10 bis 17.30 Uhr, Fütterung Mi, So um 16 Uhr, Tel. 02 62 91 40 41, www.crocparc.re).

Hotel

Le Floralys Caro Beach ●●
Freundliche Zimmer in 12 Bungalows rund um einen großen Pool, 150 m vom Strand, mit dazugehörigem Wasserpark und kreolisch-mediterranem Restaurant.

- 2, avenue de l'Océan
- Tel. 02 62 91 79 79
- www.hotel-floralys.com

Restaurant

L'Eté Indien ●
Kreolische und französische Küche, gutes Eis.

- Tel. 02 62 26 67 33
- www.restaurant-ete-indien.fr

Ausflug nach La Fenêtre

Dieser Aussichtspunkt in den Höhen des Ortes **Les Makes** 11 bietet einen fantastischen Blick über den Cirque de Cilaos › S. 120, und seine tiefen Täler und bizarren vulkanischen Felsformationen. Von St-Louis fährt man zunächst in Richtung Les Makes und folgt dann den Schildern nach **La Fenêtre;** die Straße endet bei einem Parkplatz. Es empfiehlt sich, frühmorgens (und nur bei gutem, wolkenlosem Wetter) zu starten, die Sicht ist meist zwischen 8 und 9 Uhr am besten.

Auf der Rückfahrt lohnt ein Abstecher zur auf 1000 m Höhe gelegenen Sternwarte **Observatoire Astronomique** in Les Makes (Tel. 02 62 37 86 83, Reservierungen erbeten, Mo–Fr 9–12 und 14–17 Uhr).

Cilaos 12

Der Ort Cilaos ist bekannt für hübsche Stickereiarbeiten. Im **Maison de la Broderie** (4, rue des Ecoles, Tel. 02 62 31 77 48) werden junge Frauen in dieser Kunst ausgebildet. Hier kann man einigen von ihnen auch bei der Arbeit zuschauen oder eines der kleinen Werke kaufen. Das Museum **Chai de Cilaos** (34, rue des Glycines, Tel. 02 6 31 79 69) informiert über die Herstellung des Weins Vin de Cilaos und bietet auch Verköstigungen an. Wer sich eine Kur, ein angenehmes Thermalbad oder eine Massage gönnen möchte, ist im **Thermalzentrum Irénée Accot** bestens aufgehoben (Route de Bras-Sec, im Juni geschl.; Voranmeldung erbeten, Tel. 02 62 31 72 27).

Schildkröte in Kelonia

Infos

Office de Tourisme Intercommunal du Sud
Informationen über Wanderwege, Reservierung von Hütten, Buchung von Aktivitäten.

- 2, rue Mac-Auliffe
- Tel. 08 92 70 22 01
- www.sud.reunion.fr
- Mo–Sa 8.30–12.30, 13.30–17.30 Uhr, So und feiertags 9–12 Uhr

Hotel

La Case Nyala ●●
Gasthaus im kreolischen Stil mit 5 charmanten Zimmern, auch für Selbstversorger geeignet.

- 8, rue des Lianes
- Tel. 02 62 31 89 57
- www.case-nyala.fr

Le Vieux Cep ●●
Traditionshotel mit 45 gemütlichen Zimmern und Pool; Restaurant mit landestypischen Gerichten.

- 2, rue des Trois Mares
- Tel. 02 62 31 71 89
- www.levieuxcep.fr

Réunion: Der Süden und Osten

Das Beste!

- Eine Wanderung am Piton de la Fournaise › S. 127
- Ein Spaziergang durch Hell-Bourg › S. 128
- Ein Besuch der Primärwälder von Bébour und Bélouve › S. 128
- Ein Tempelbesuch in St-André › S. 131
- Eine Fahrt entlang der wilden Südküste › S. 135

Am Fuße des noch aktiven Vulkans Piton de la Fournaise hat sich die ursprüngliche kreolische Kultur der Insel erhalten.

Der Osten zählt zu den fruchtbarsten Teilen Réunions und wird intensiv für den Anbau von Zuckerrohr genutzt. Bis über 4 m hoch wachsen hier die braungrünen Stangen und sind als erste der Insel im Juni/Juli reif. Ebenso wie die hiesigen Küstengebiete viel mehr Regen als jene im Westen erhalten, ist auch der im Osten gelegene Cirque de Salazie der niederschlagreichste der drei Talkessel, mit vielen Wasserfällen, grün umrankten Steilwänden und viel Gemüseanbau. Mehrere sehenswerte Herrenhäuser und Gärten wie Le Grand Hazier, die Residenz eines der reichen Zuckerbarone aus dem 18. Jh. in Ste-Suzanne, oder die Villa Folio in Hell-Bourg stehen Besuchern offen. Die Küste präsentiert sich rau und wild; anstatt Sand werden hier große Vulkansteine von den Wellen umspült. Das Hochland verschwindet oft tagelang in Wolken, und so gedeihen hier dichte, geheimnisvolle Primärwälder voller Tamarinden, Orchideen, Moos und Baumfarne.

Im wilden, dem Wind ausgesetzten Südosten Réunions sind die Lebensbedingungen für Menschen, Tiere und Pflanzen rau, und die Natur leistet sich alle paar Jahre unberechenbare Eskapaden. Bei einem Ausbruch des Piton de la Fournaise fließt die Lava mitunter bis ins Meer und lässt die Insel bisweilen um ein paar Quadratmeter wachsen. Doch was der Vulkan gibt, nimmt der Ozean bald wieder fort. Relativ unbehelligt vom Tourismus hat sich im tiefen Süden das ursprüngliche Réunion erhalten. Blumengeschmückte *Cases créoles* aus Wellblech stehen am Wegesrand, aus denen Séga-Klänge tönen, und in den Gärten wachsen Vanille und Bananen, Papayas, Litschis und Mangos in Hülle und Fülle.

Das pittoreske Becken der Cascade de la Grande Ravine ist einen Umweg wert

Einen Besuch lohnt das Anwesen der Familie Folio

› Karte S. 110

Touren in der Region

Tour 16 Der ***Cirque de Salazie

Tour-Übersicht:

Verlauf: **St-André › Salazie › Hell-Bourg › Wanderung zum Forêt de Bébour**

Länge: 2 Tage

Praktische Hinweise:
Nach der Autofahrt vorbei an Wasserfällen und Steilwänden empfiehlt sich eine Übernachtung im schönen kreolischen Ort Hell-Bourg, sodass man früh am nächsten Morgen, bevor Wolken den Himmel verdecken, zu einer Wanderung aufbrechen kann. Regenschutz sollte jedoch dabei sein, und gutes Schuhwerk ist ein Muss, denn im feuchtesten der Cirques sind die Wege rutschig und es regnet fast täglich.

Tour-Start:

Von **St-André** › **S. 131** erreicht man den Talkessel von Salazie auf der D 48. Vorbei an Zuckerrohrplantagen geht es in die enge Schlucht der Rivière du Mât. Nach 20-minütiger Fahrt rückt der Piton des Neiges ins Blickfeld, bald darauf der kleine Ort **Salazie,** der von den hohen Türmen der katholischen Kirche Notre-Dame überragt wird. Kurz nach dem Ort breiten sich die Wasserläufe der eindrucksvollen **Cascades du Voile de la Mariée** wie ein Brautschleier auf den Felsen aus. Der *****Cirque de Salazie** ist mit einer Ausdehnung von 12 × 9 km der größte auf der Insel; er wird von zwei Stichstraßen erschlossen. Eine davon führt von Salazie zum 1100 m hoch gelegenen Luftkurort Hell-Bourg, der andere nach Grand Ilet, einem zerstreuten Bauerndorf, das wenig Interessantes zu bieten hat. Hier beginnt ein steiler Pfad auf den Berg Roche Ecrite (2277 m). Für Wanderungen in den *****Cirque de Mafate** fährt man auf der Straße noch etwas weiter bis zum Parkplatz Bord Martin bei Le Bélier. Ab hier geht es auf einem guten Wanderweg über den Col de Fourche (1942 m) bis La Nouvelle (Tagestour, dort Übernachtungsmöglichkeit), weitere Wege führen nach Marla.

***Hell-Bourg** bietet die reizvollere Variante; es ist ein ursprüngliches, ruhiges Bergdorf mit kreolischen Häusern und üppigen Gärten. Versäumen Sie nicht, die wunderschöne Villa Folio mit ihrem herrlichen Garten zu besuchen. **Erst-klassig** Hell-Bourg ist auch ein ausgezeichneter Startpunkt für ein- oder mehrtägige **Bergtouren.** Gut markierte Wege führen z.B. zum Piton d'Enchaing (1352 m), zum Piton des Neiges (3069 m) › **S. 120** oder zum Forêt de Bélouve. Letztere Wanderung ist allein wegen der Aussicht über den Cirque und aufgrund der wunderschönen Vegetation sehr empfehlenswert. Der Weg beginnt im Ortskern und führt auf kleinen Pfaden zwischen Häusern hindurch und an einem mit riesigen Bambusstauden gesäumten Bach entlang bis zu einem Parkplatz. Ab hier erklimmt man in ca. 1,5 Std. die etwa 350 m hohe Cirquewand. Oben angekommen, stoßen Sie auf die urige Hütte **Gîte de Bélouve**, in der Sie auch nächtigen und auf Voranmeldung kreolisch speisen können.

Tour 17 Zu Seen, Wasserfällen und in den Urwald

Tour-Übersicht:

Verlauf: **St-Benoît › Grand Etang › La Plaine des Palmistes › Forêt de Bélouve › Trou de Fer**

Länge: 2 Tage

Praktische Hinweise:

- Es lohnt sich, am Beginn der Forststraße in die Wälder von Bébour und Bélouve das Auto stehen zu lassen und auf der wenig befahrenen Strecke mit dem Rad oder Mountainbike weiterzufahren. Immer wieder zweigen Wege in den Wald ab.
- Für die anspruchsvolle Wanderung zum Trou de Fer sind rutschfeste Sohlen und knöchelhohe Schuhe erforderlich, da es über Wurzeln und durch schlammiges Gelände geht.
- Man sollte nur bei gutem Wetter starten, da man sonst Gefahr läuft, an dem ohnehin nicht sehr gute Sicht bietenden Aussichtspunkt über das Trou de Fer in eine Nebelwand zu schauen.

Tour-Start:

Die Tour führt von **St-Benoît** ins grüne Herz der Insel auf die mit Jahrtausendealten Bäumen und Sträuchern bewachsene Hochebene, auf der sich ausgedehnte Primärwälder erstrecken. Auf ihrem Weg von der Küste nach Plaine des Palmistes wird die Straße zunehmend schmaler und kurvenreicher. Nach etwa 6 km weisen Schilder zum **Grand Etang**, einem sumpfigen Süßwassersee in einem tiefen Tal; Mückenschutz zahlt sich hier aus. Ein schlüpfriger Weg führt um den See herum, der dank seiner Ruhe und Abgeschiedenheit ein wenig verwunschen wirkt. Zurück auf der Hauptquerverbindung über die Insel erklimmt die Straße nun in zahllosen Serpentinen die Hochebene und man gelangt in den Ort **Plaine des Palmistes.** Er wirkt recht ausgestorben; die Pflanzen ranken sich in solcher Windeseile die Wände der Häuser hinauf, dass der Eindruck entsteht, als wären sie unbewohnt. La Plaine des Palmistes galt schon im 19. Jh. als beliebter Rückzugsort reicher Städter vor der Hitze der Küstengebiete. Auch heute noch befinden sich hier viele Wochenendresidenzen. Die Route forestière Nr. 2 in Richtung La Petite Plaine führt über den **Col de Bébour** (1411 m) in den **Forêt de Bélouve,** ein riesiges Waldgebiet, an dessen Abbruchkante zum Cirque de Salazie › S. 120 sich eine einsame Berghütte befindet. Die Autopiste wird Fr 12 Uhr bis Mo 7 Uhr sowie an Feiertagen rund 2 km vor der Berghütte gesperrt. Dann geht man etwa

› Karte S. 110

20 Minuten bis zur Hütte und 10 Minuten zum Aussichtspunkt. Die Strecke ist auch für Radtouren sehr geeignet.

Die mittelschwere Wanderung (ca. 4 Std. für Hin- und Rückweg) auf einem feucht-rutschigen Wanderpfad zum wasserfallgesäumten Talkessel **Trou de Fer** ist empfehlenswert. Der Weg zweigt rechts von der Straße zwischen Wochenend-Parkplatz und Berghütte ab. Hier wachsen die schönsten Baumfarne und Tamarinden. Der Réunionschmätzer *(Tec Tec)*, ein Sperlingsvogel, kann hier gesichtet werden.

Erst-! klassig

Tour 18 Rund um den ***Piton de la Fournaise

Tour-Übersicht:

Verlauf: **St-Pierre › Le Tampon › Bourg-Murat › Plaine des Sables › Piton de la Fournaise**

Länge: 1 Tag mit Wanderung

Praktische Hinweise:

- Bei gutem Wetter sollte man sich frühmorgens von St-Pierre auf den Weg machen, um den Vulkan möglichst wolkenfrei zu erleben.
- Wer zum Krater des Piton de la Fournaise wandern möchte, kann sich an der Straße zum Vulkan eine Bleibe suchen und von dort am nächsten Morgen starten. Proviant, Getränke und ein Sonnen- und Regenschutz sind für Wanderungen im Vulkangebiet ebenso unerlässlich wie feste Schuhe.
- Von den weißen Markierungen am Boden entfernt man sich besser nicht, denn Wetterumschwünge können in kürzester Zeit die Sicht stark beeinträchtigen und eine Orientierung unmöglich machen.

Tour-Start:

Die Tour führt zum letzten aktiven Vulkan der Insel, dem Piton de la Fournaise, der nach einer längeren Ruhepause seit 1998 mehrfach im Jahr Lava spuckt. Unterwegs durchfahren Sie **Le Tampon,** eine 1725 gegründete Gemeinde mit alten kreolischen Villen. Die kleineren Ortschaften beiderseits der Nationalstraße N 3 sind entsprechend der Entfernung von St-Pierre nur mit Kilometerangaben benannt. Es geht stetig in Kurven bergan durch kleine Siedlungen bis in den Ort **Bourg-Murat,** wo die 30 km lange **Route du Volcan** abzweigt. Wer sich über das Thema Vulkanismus und die Entstehung der Insel Réunion informieren möchte, sollte hier unbedingt das **Maison du Volcan** › S. 120 besuchen. Bisher haben die vielen Ausbrüche des Feuerbergs keine Menschenleben gefordert; das dichte Netz der Seismografen soll dies auch weiterhin gewährleisten. Mit steigender Höhe geht die Berglandschaft mit Weiden, Nadelbäumen und Heidekraut an der ***Plaine des Sables** abrupt in eine kahle, raue Mondlandschaft über. Am Aussichtspunkt **Nez de Bœuf** öffnet sich tief unten das Flusstal der Rivière des Remparts. Die Fahrt endet nach einer schlechten Wegstrecke am Parkplatz **Pas de Bellecombe.** Hier steht Wanderern eine Hütte (Tel. 02 62 21 28 96) für eine Übernachtung zur Verfügung.

Von der Aussichtsplattform präsentiert sich der einmalige Blick in die **Caldera Enclos Fouqué** – ein riesiger Krater von 14 km Durchmesser voller erstarrter Lavaströme und aufgeworfener Kraterränder unterschiedlichsten Alters. Durch diese urzeitlich anmutende Landschaft konnte man bis April 2007 rund um die Hauptkrater des *****Piton de la Fournaise** (2510 m) wandern, nach bedeutenden Einstürzen im Bereich des Gipfels wurde der Weg geändert und führt nun zu einem Aussichtspunkt am Kraterrand. Der steile Fußweg führt zunächst in Serpentinen hinab in die Caldera zum kleinen Krater Formica Léo (45 Min.). Nächstes Ziel ist die Höhle Chapelle de Rosemont. Ab hier steigt der Weg steil an zur Abbruchkante des inneren Kraters. Nach der anstrengenden Bezwingung des Gipfels wird man bei schönem Wetter herrliche Ausblicke über die verschiedenfarbige Lava in unterschiedlichsten Formen genießen.

Unterwegs im Osten und Süden

St-André 13

Die Stadt war schon immer eine Hochburg der Zuckerindustrie. Im 19. Jh. kamen deshalb viele indische Arbeiter hierher, die immer noch den Großteil der Bevölkerung stellen. Es gibt mehrere farbenprächtige Tempel, in denen viele indische Feste gefeiert werden. Im Ortsteil Bois Rouge steht eine der letzten zwei aktiven Zuckerrohr-Produktionseinheiten der Insel, die **Distillerie de Savanna et Sucrerie Bois-Rouge.** Die Anlage kann man nach Voranmeldung besichtigen (Tel. 02 62 58 59 74, www.distilleriesavanna.com, Führungen nur in Französisch); im Laden gibt es die hier erzeugten Rumsorten und Zuckerprodukte zu kauften. **Le Colosse,** einer der schönsten und größten tamilischen Tempel der Insel, liegt außerhalb der Stadt direkt an der Küste. Touristen ist der Zutritt zu den Innenräumen nicht gestattet. Hingegen finden im bunten **Temple du Petit Bazar** im Stadtzentrum Führungen in Französisch statt (Tel. 06 92 79 19 01, Anmeldung erforderlich).

Erst-! klassig

In der Nähe des Colosse liegt der beliebte Vergnügungspark **Parc du Colosse** mit Picknickplätzen im Schatten, Spielplatz und Wasserrutschen.

Das historische Herrenhaus **Maison Martin Valliamée** kann im Rahmen einer Führung besichtigt werden. Hier arbeitet das **Office de tourisme de Saint André** (1590, chemin du Centre, Tel. 02 62 46 16 16, Mo–Sa 9–17 Uhr, www.est.reunion.fr).

Der tamilische Tempel Le Colosse bei St-André liegt an der Küste

11

Bras Panon 14

Seit der Entdeckung der künstlichen Befruchtung der Vanillepflanzen 1841 gehören die duftenden Schoten zu den wichtigsten Exportgütern von Réunion. Gleich am südlichen Ortsrand von Bras Panon und an der Schnellstraße weisen Schilder auf die **Coopérative Provanille** hin. Interessierte erfahren hier alles Wissenswerte über die Vanille (Tel. 02 62 51 102, www.provanille.fr, Mo–Sa, Fei 8.30–12, 14–17 Uhr). Im Restaurant **Le Vani-La** › S. 60 am Eingang der Genossenschaft werden Spezialitäten rund um die Vanille serviert.

12

Blaue Schilder weisen zu den tiefblauen Becken Bassin de la Paix und Bassin de la Mer, in die aus Gebirgsbächen gespeiste Wasserfälle stürzen. Die Straße endet nach etwa 2 km an einem Parkplatz oberhalb des **Bassin de la Paix.** Der Weg zum Ufer des Beckens ist leider gesperrt, jedoch lohnt schon allein der Blick darauf – vor allem von der Brücke über das Flüsschen. Vom ersten Bassin führt eine herrliche **Wanderung** durch sanft ansteigendes Gelände entlang dem Flüsschen Rivière des Roches zum **Bassin de la Mer,** dessen kristallklares Wasser nach steilem Abstieg zum Ufer eine herrliche Erfrischung bietet. Da der Weg teilweise durch sumpfiges Gelände führt, wählen Sie am besten festes Schuhwerk – und vergessen Sie die Badesachen nicht!

St-Benoît 15

Die moderne Stadt St-Benoît wirkt nach einem Großfeuer 1950 gesichtslos. Vom traditionellen Zuckerrohranbau dieser Region zeugen noch die Schlote alter Zuckerfabriken. Südlich von St-Benoît liegt der kleine Ort **Ste-Anne** 16. In seinem Zentrum errichtete von 1922 bis 1940 der elsässische Priester Domberger eine imposante Kirche, deren Fassade und Innenraum reich mit Figuren und bunten Ornamenten dekoriert sind. Sie diente als Kulisse für eine Szene des Films »Das Geheimnis der falschen Braut«, den der französische Regisseur François Truffaut 1968 mit Cathérine Deneuve und Jean Paul Belmondo auf Réunion drehte. Neben der Kirche befindet sich ein gutes Andenkengeschäft, das viel lokales Kunsthandwerk anbietet.

Zwischenstopp: **Restaurant**

Diana Dea Lodge ●●●

Kleine neue Hotelanlage abseits der Straße mit kreolischem Restaurant. Alle Zimmer mit Terrasse und Meerblick über die gesamte Ostküste. Beheizter Pool, Kaminzimmer, gutes Frühstück.

- 94, Chemin Helvetia Cambourg
- Ste-Anne
- Tel. 02 62 20 02 02
- www.diana-dea-lodge.re/de/

Ste-Rose 17

Auf dem Weg nach Ste-Rose überquert man den Fluss Rivière de l'Est, der sich durch eine imposante Schlucht zum Meer windet. Die mit 110 m einst einer der längsten Hängebrücken der Welt *(pont suspendu)* über das tiefe Flusstal entwarf 1894 das Architekturbüro Eiffel. Sie ist heute Fußgängern vorbehalten, der Verkehr führt über die parallel verlaufende neue Brücke. In Ste-Rose lohnt ein kurzer Abstecher zur Marina, an der Fischer unter abenteuerlichen Bedingungen aufs Meer hinausfahren. Selbst der Bau eines kleinen schützenden Hafenbeckens konnte die Macht des Meeres nicht brechen. In dem verträumten Städtchen **Piton Ste-Rose** 18 mit seinen alten kreolischen Häuschen steht die Kirche ***Notre-Dame-des-Laves**, die bei dem Vulkanausbruch von 1977 verschont blieb › S. 134.

Zwischenstopp: **Restaurant**

L'Auberge Créole ●●–●●●

Erst-! klassig

Blick aufs Meer und kreolische Hausmannskost mit feinen Fischgerichten; nur Di und Do–Sa.

- Chemin du Case | Ste-Anne
- Tel. 02 62 51 10 10

Notre-Dame-des-Laves in Ste-Rose

Ausflug zur **Anse des Cascades 19

Ein paar Kilometer südlich von Ste-Rose bilden die Wasserfälle und das Pinienwäldchen an der Anse des Cascades ein beliebtes Ausflugsziel. In der Bucht treffen sich gegen 10 Uhr die Fischer und verkaufen ihren Fang; am Wochenende ist hier kaum noch ein Schattenplätzchen frei und die Parkplätze sind überfüllt. Die halbe Bevölkerung des Südens scheint sich hier zum Picknick zu treffen – ein lohnendes Ziel für alle, die kreolische Lebensart einmal hautnah erleben möchten.

St-Philippe 20

Hinter **Bois Blanc** auf dem Weg nach St-Philippe bestimmen die Lavaströme des Piton de la Fournaise das Landschaftsbild. Während Wind und Meer bereits am Lavagestein nagen, erkennt man deutlich die Spuren der Vulkanausbrüche von 2003 und vom Februar 2005 gleich bei der Einfahrt in den Kraterbereich. Eine bis zu 3 m hohe Lavaschicht bedeckt die ehemalige Küstenstraße und den Platz, an dem einst die viel fotografierte Statue der Vierge au Parasol (Jungfrau mit dem Sonnenschirm) stand, die die Menschen vor dem Vulkan behüten sollte!

An der südlichen Abbruchkante des Kraterbereichs, kurz vor der Ortschaft Tremblet, flossen erst im April 2007 riesige Lavaströme ins Meer, die Küstenstraße war damals monatelang gesperrt. Bei einem kurzen Abstecher zum Meer kann man an der **Pointe de la Table** die Gewalt der Ausbrüche von 1986, 2003 und 2005 erahnen, die Réunion um ca. 25 ha vergrößerten.

St-Philippe ist eine kleine Stadt inmitten üppiger Vegetation. Ein kurviger Weg zweigt 2 km südlich von St-Philippe bei Mare Longue nach Norden ab; er führt in das Naturreservat **Réserve Nationale de Mare-Longue** 21 mit Vacoas, Ebenholzbäumen, Riesenfarnen und Orchideen. Zum Naturreservat gehört der ca. 3 ha große ***Jardin des Parfums et des Epices,** in dem eine Führung auch ohne Französischkenntnisse Spaß macht, da die Wohlgerüche der Pflanzen oft Erklärung genug sind. Kardamom, Gewürznelken, Muskatnuss, Zitronengras, Vétiver und Vanille, Litschibäume und Palmiste Rouge, deren Mark zum Millionärssalat verarbeitet wird, lernt man in ihrer

SEITENBLICK

Das Wunder von Piton Ste-Rose

Glühende Lava floss 1977 vom Piton de la Fournaise auf den Ort und seine Kirche Notre-Dame zu. Die Häuser wurden geräumt, und alle bangten: Wen wird es diesmal treffen? Wie durch ein Wunder teilte sich der Strom vor dem Gotteshaus, die Lava floss um den Bau herum und nur wenig drang ins Innere ein. Der Altar blieb verschont – das nahe gelegene Gebäude der Gendarmerie übrigens ebenfalls. Ein Zufall? Daran mag hier keiner glauben; seither heißt die Kirche Notre-Dame-des-Laves.

natürlichen Umgebung kennen. Aus Kurkumawurzeln wird ein gelbes Gewürz gewonnen, das manchen als Ersatz für Safran dient (der echte Safran stammt von den Blütennarben einer Krokusart und ist rot). An unscheinbaren Büschen wächst schwarzer und grüner Pfeffer (Führungen, Anmeldung am Vortag, Tel. 02 62 37 06 36).

Erst-klassig

Der wildeste Küstenabschnitt der Insel reicht bis nach **St-Joseph,** wo der Ozean mit hoch aufschäumender Gischt auf die schroffen Lavabrocken schlägt. Von der Küstenstraße gewinnt man einen guten Eindruck von dieser wildromantischen Landschaft.

Hotel

Le Baril ●●
Kleines Hotel mit 13 einfachen Zimmern in hinreißend schöner Lage an der Steilküste, Schwimmen nur im Pool möglich. Mountainbikeverleih, Restaurant mit kreolischer Küche.

- RN 2, St-Philippe
- Tel. 02 62 37 01 04
- www.lebaril-reunion.com

Restaurant

L'Etoile de Mer ●●
Ausflugslokal mit kreolischer und chinesischer Küche, Di geschl.

- Basse-Vallée
- Tel. 02 62 37 04 60

St-Joseph 22

Das Provinzstädtchen St-Joseph an der Mündung der Rivière des Remparts hat sich mit Flechtarbeiten aus den Blättern der Vacoapalme (Schraubenbaum) einen Namen gemacht: Taschen, Hüte und Matten, die in Souvenirläden zum Verkauf stehen. Im Hinterland gedeihen Gewürze, Geranien und die Duftpflanze Vétiver, deren zu Bütscheln gebundene Wurzeln als Duftspender in den Küchen der Einheimischen hängen. In der **Maison du Curcuma** führt Familie Rivière Besucher in die Herstellung der Gelbwurz ein und verrät, wie es in der heimischen Küche verwendet wird (14, chemin du Rond, Plaine des Grègues, Tel. 02 62 37 54 66, tgl. 9–12, 13.30–17 Uhr, www.maisonducurcuma.fr).

Erkaltete Lavaströme an der Pointe de la Table

Ausflug zur Cascade de la Grande Ravine 23

Drei Kilometer östlich von St-Joseph an der Bushaltestelle von **La Balance** zweigt die schmale Straße nach Norden ins Tal der Rivière Langevin ab. Entlang der Strecke (15 km) liegen wunderschöne Picknickplätze direkt am Ufer des Langevin, dessen klares Wasser zu einem Bad verlockt. Inmitten einer

› Karte S. 110

beeindruckenden Berglandschaft rauschen bei Grand Galet Wasserfälle in ein Bassin, in dem man jedoch nicht schwimmen kann.

Grande Anse 24

Erst-! klassig

Der weiße Sandstrand von Grande Anse könnte von einer Postkarte stammen, er liegt idyllisch zwischen wilden Felsen und den Ruinen eines alten Kalkofens eingebettet. Doch leider kann man hier nicht im offenen Meer baden, sondern sich nur in einem kleinen, künstlich angelegten Meeresbecken erfrischen. Vom Hügel Piton Grande Anse an der Straße, die zur Bucht führt, hat man einen schönen Blick auf die Bucht und die Weite des Ozeans; ein kleiner Weg führt um den Felsen.

Hotel

Palm Hotel & Spa ●●●

Erst-! klassig

Das neue Boutiquehotel bietet sehr schöne Zimmer, guten Service und hervorragendes Essen im »Le Makassar«.

- Grande Anse
- Tel. 02 62 56 30 30
- www.palm.re

St-Pierre 25

Die ehemals wichtige Hafenstadt besitzt noch viele gut erhaltene kreolische Häuser. Das historische **Rathaus** diente einst der Ostindien-Kompanie als Kaffeespeicher. Der **Samstagmarkt** auf der Küstenstraße ist das frühe Aufstehen wert. Ab 7 Uhr verkaufen die Bauern alles, was Garten, Feld und Stall hergeben. Neben Fleisch, Geflügel und Fisch umfasst das Angebot auch Kunsthandwerkliches.

Die nahen Gotteshäuser zeugen von der unterschiedlichen Herkunft der Einwohner, allen voran die **Atjaboul-Massajid-Moschee** in der Rue François-de-Mahy. Als Fremder darf man einen Blick in den Innenraum werfen. In derselben Straße treffen sich die Chinesen in der **Guan-Di-Pagode.** Der neue tamilische Tempel **Narassingua Péroumal de Ravine Blanche** in der Rue Mahatma Gandhi am Stadtrand, dessen ockerfarben und ziegelrot bemalter Turm den Weg weist, ist wegen seiner Farbenpracht und des Figurenreichtums beeindruckend.

Auf dem **Alten Friedhof** am Boulevard Hubert-Delisle fällt ein Grab ins Auge, auf dem mit Rum gefüllte Gläser stehen. Hier wurde der berüchtigte Raubmörder Sitarane beigesetzt. Vor seiner Hinrichtung 1911 nach seinem letzten Wunsch befragt, soll der Madagasse geäußert haben: »Ich hätte gern noch ein paar Menschen mehr umgebracht.« Einige Einheimische halten wohl an seinen Worten fest und erbitten mit Opfergaben seine Hilfe bei Problemen mit persönlichen Feinden.

6 km westlich von St-Pierre, an der D 26 Richtung Entre-Deux, liegt die kuriose Gartenanlage **Exotica** 26 mit mehr als 5000 verschiedenen Gewächsen. Die Pfade säumen Kakteen und Dinosaurier, Drachen und Riesenfrösche aus Pappmaschee. In einem Treibhaus sind Anthurien und Orchideen zu sehen (Tel. 02 62 35 65 45, Di–So 9–12, 13.30 bis 17 Uhr).

Info

Office de Tourisme

- 26, rue Amiral Lacaze | Terre Sainte
- Tel. 08 92 70 22 01
- Fax 02 62 25 82 76
- sud.reunion.fr
- Mo–Sa 9–12 und 13–16.45 Uhr

Hotels

Le Victoria ●●

Frisch renovierte Bungalows und Zimmer mit Meerblick und Pool in herrlicher ruhiger Lage etwas außerhalb von St. Pierre. Restaurant mit kreolischer Küche.

- 10, allée de Lataniers | Grand-Bois
- Tel. 02 62 50 95 67
- www.levictoria.re

Cap Sud ●●

Sauberes und zentral gelegenes Stadthotel in Fußnähe zu allen Attraktionen und nur durch die Straße von Strand getrennt.

- 6, rue Caumont | St. Pierre
- Tel. 02 62 25 75 64
- www.hotel-capsud-reunion.com

Alizé Plage ●–●●

Komfortables Strandhotel mit beliebter Bar und Restaurant, ab und zu Livemusik.

- 17, bd Hubert-Delisle
- Tel. 02 62 35 22 21
- www.hotel-restaurant-alize-plage.re

Restaurants

Le Bertel ●●

Serviert kreolische und kreative Gerichte wie » crème brulée au curcuma«.

- 4, rue Mahatma-Gandhi
- Tel. 02 62 25 23 65
- Mo geschl.

Das Grab des Raubmörders Sitarane

Le Flamboyant ●●–●●●

Exzellente französische und kreolische Spezialitäten.

- 11, rue Désiré-Barquisseau
- Tel. 02 62 35 02 15

Le Retro ●●

Leckere französische und kreolische Küche an der Uferpromenade.

- 34, bd Hubert-Delisle
- Tel. 02 62 25 33 06

Nightlife

Casino du Sud

Spieltische und -automaten.

- 42, bd Hubert-Delisle
- Tel. 02 62 25 26 96
- Tgl. 22–2 bzw. 3 Uhr

Le Chapiteau

In-Disko mit mehreren Tanzsälen im Örtchen Mont-Vert-les-Bas im Hinterland.

- ca. 15 km südöstlich von St-Pierre
- Tel. 02 62 31 00 81
- Fr/Sa ab 21 Uhr

Malone's Cherrywood Saloon

Südafrikanischer Pub, So geschl.

- 36, bd Hubert-Delisle
- Tel. 02 62 25 02 22

Infos von A–Z

Ärztliche Versorgung

Für beide Ziele sollte man eine Reisekrankenversicherung abschließen, die einen medizinisch sinnvollen Rücktransport umfasst.

Mauritius: Eine Behandlung in den staatlichen Krankenhäusern (Port Louis, Curepipe, Quatre Bornes) ist kostenlos, der Standard entspricht jedoch nicht europäischen Verhältnissen. Die Behandlung in gut ausgestatteten privaten Kliniken und Arztpraxen muss bar bezahlt werden. Für Tauchunfälle steht eine Dekompressionskammer zur Verfügung: **Special Mobile Force,** Tel. 686-10 11.

Réunion: Das Netz von Apotheken, Ärzten und Krankenhäusern ist dicht, die Versorgung kann sich mit westeuropäischem Standard messen.

Devisenbestimmungen

Mauritius: Fremd- und Landeswährung dürfen in jeder Form (Schecks oder Bargeld) unbegrenzt eingeführt werden.

Réunion: Ein- und Ausfuhr von Fremdwährungen ist unbeschränkt. Beträge über 21 000 € sind zu deklarieren.

Diplomatische Vertretungen

- **Mauritius:**
  Deutsches Honorarkonsulat:
  Royal Rd., St. Antoine, Goodlands,
  Tel./Fax 283 75 00,
  goodlands@hk-diplo.de
  Österreichisches Honorarkonsulat:
  MSC House, Old Quay 'D' Road,
  Port Louis,
  Tel. 202-68 68, Fax 217-47 47,
  rene.sanson@msc.mu
  Schweiz: Botschaft in Pretoria,
  Tel. +27-12-452 06 60,
  Fax 346 66 05,
  pre.vertretung@eda.admin.ch
- **Réunion:**
  Deutsches Honorarkonsulat:
  St. Denis 64, Ave. Eudoxie Nonge,
  Sainte-Clotilde,
  Tel. 02 62 28 22 66, Fax 97 37 74,
  st-denis@hk-diplo
  Österreich: Botschaft in Paris,
  Tel. 01 40 63 30 90,
  Fax 01 45 55 63 65 (ohne internationale Vorwahl),
  paris-ob@bmeia.gv.at
  Schweiz: Botschaft in Paris,
  Tel. 01 49 55 67 00, Fax 55 67 67,
  par.vertretung@eda.admin.ch

Einreise

Mauritius: EU-Bürger und Schweizer benötigen bei einem Aufenthalt bis zu drei Monaten einen bei Ankunft noch 6 Monate gültigen Reisepass sowie ein Rückflugticket. Kinder brauchen einen Kinderausweis (ab 6 Jahren mit Foto).

Réunion: EU-Bürger und Schweizer benötigen für einen Urlaub den gültigen Personalausweis oder Reisepass.

Elektrizität

Auf Mauritius und Réunion 220 Volt. Adapter sind überall erhältlich.

Feiertage

- **Mauritius:** 1. und 2. Januar (Neujahr), 1. Februar (Abschaffung der Sklaverei), 12. März (Tag der Unabhängigkeit), 1. Mai (Tag der Arbeit), 15. Aug. (Mariä Himmelfahrt), 2. Nov. (Ankunft der ersten indischen Immigranten), 25. Dez. (Weihnachten).
- **Réunion:** 1. Januar (Neujahr), Ostermontag, Pfingstmontag (offiziell abgeschafft), 1. Mai (Tag der Arbeit), 8. Mai (Kriegsende 1945), Christi Himmelfahrt, 14. Juli (Nationalfeiertag), 15. Aug.(Mariä Himmel-

fahrt), 1. Nov. (Allerheiligen), 11. Nov. (Waffenstillstand 1918), 20. Dez. (Tag der Sklavenbefreiung), 25. Dez. (Weihnachten).

Geld und Währung

Mauritius: Landeswährung ist die Rupie (Rs), unterteilt in 100 Cents (Cs). Aus Sicherheitsgründen ist die Mitnahme von Reiseschecks (Euro) zu empfehlen. Größere Geschäfte, Restaurants und Hotels akzeptieren Kreditkarten.

Réunion: Landeswährung ist der Euro. Reiseschecks in Euro werden überall eingelöst. Die Bezahlung mit Kreditkarten ist weit verbreitet. An Geldautomaten kann man mit der EC/ Maestro-Karte, Master Card, der Visa- oder Cirrus-Karte Geld abheben.

Gesundheit

Besondere Impfungen sind für weder für Mauritius noch Réunion erforderlich, es sei denn, man reist aus einem Infektionsgebiet ein. Empfohlen werden Impfungen gegen Tetanus, Polio und Hepatitis A. Auf Mauritius besteht ein sehr geringes Malariarisiko. Das Leitungswasser hat Trinkwasserqualität. Schützen Sie sich vor Sonneneinstrahlung und v.a. vor Insektenstichen: Auf beiden Inseln übertragen Mücken das Chikungunya-Fieber, eine Art entzündliche Arthrose. Insektenschutzmittel und das Tragen von langen Hosen und langärmeligen Hemden in der Dämmerung schützt, wie auch das Aktivieren der Klimaanlage und schlafen unter einem Moskitonetz. Oberhalb von ca. 700 m gibt es keine Überträgermücken.

Information

- **In Deutschland:**
  Mauritius Tourism Promotion Authority, c/o Aviareps Tourism, Josephspitalstr. 15, 80331 München, Tel. 0 89/55 25 33 825, mauritius@aviareps.com, www.tourism-mauritius.mu
- **Fremdenverkehrsbüro Réunion,** c/o ATOUT FRANCE, Zeppelinallee 37, 60325 Frankfurt/M., Tel. 069/ 97 59 04 94, insel-la-reunion@reunion.fr, www.reunion.fr/de/
- **In der Schweiz:**
  Mauritius Tourism Information Service, Kirchenweg 5, 8032 Zürich, Tel. 044/3 88 41 00, info@prw.ch, auch für Anfragen aus Österreich.
  Atout France, Rennweg 42, Postfach 3376, 8021 Zürich, Tel. 044 217 46 00, www.franceguide.com
- **In Österreich:**
  Atout France, Wien, Tel. 09 00/25 00 15 (0,68 €/Min.), info.at@franceguide.com
- **Auf Mauritius:**
  Mauritius Tourism Promotion Authority (MTPA), Victoria House, St. Louis Street, Port Louis, Tel. 0 02 30/210-1545, Fax 212-5142, mtpa@intnet.mu
- **Auf Réunion:**
  helfen die örtlichen Fremdenverkehrsbüros. Übersicht unter www.reunion-nature.de

Kleidung

Nehmen Sie nach **Mauritius** leichte Kleidung und für den Abend eine warme Jacke mit. In großen Hotels ist am Abend angemessene Kleidung erwünscht. »Oben ohne« ist verpönt.

Für **Réunion** sollte man zusätzlich auch warme Kleidung sowie feste Schuhe einpacken. »Oben ohne« wird an den öffentlichen Stränden akzeptiert.

Notruf

- **Mauritius:** Feuerwehr: Tel. 995, Polizei Tel. 999, Krankenwagen: Tel. 114

- **Réunion:** Polizei: Tel. 17, Feuerwehr: Tel. 18, Medizinische Hilfe: Tel. 15

Öffnungszeiten

- **Mauritius:** Geschäfte Mo–Fr 9–17, Sa 9–12 Uhr, in Curepipe Do nachmittags geschl.; Behörden Mo–Fr 9–16, Sa 9 bis 12 Uhr; Banken Mo–Fr 9–15.30, Sa 9–12 Uhr, Märkte Mo–Sa 6–18, So 6–12 Uhr.
- **Réunion:** Geschäfte Mo–Sa 8.30–12, 14.30–18 Uhr; Banken Mo–Fr 8–16 Uhr; Behörden Mo–Fr 8–12, 14–18 Uhr.

Post / Internet

Mauritius: Die Hauptpost, Quai Street, Port Louis, ist Mo–Fr 8.15–11.15, 12 bis 16, Sa 8.15–11.45 Uhr geöffnet. Viele Hotels bieten einen Internetzugang an.

Réunion: Das Hauptpostamt (PTT, 60, rue Maréchal-Leclerc, St-Denis) ist Mo bis Fr 8–12, 14–18, Sa 8–12 Uhr geöffnet. Es gibt nur wenige Internetcafés in größeren Städten.

Telefon / Handy

Internationale Vorwahl für **Mauritius**: 0 02 30. Vorwahl nach Deutschland: 00 49, nach Österreich: 00 43, in die Schweiz 00 41. Die öffentlichen Fernsprecher werden mit Münzen oder mit einer Telefonkarte (erhältlich in Supermärkten oder bei der Post) bedient. Die Benutzung von Handys im Standard GSM 900 ist überall möglich.

Internationale Vorwahl für **Réunion**: 00 02 62. Vorwahl nach Deutschland: 00 49, nach Österreich: 00 43, in die Schweiz: 00 41. Die meisten öffentlichen Fernsprecher sind mit Kartentelefonen ausgestattet. Telefonkarten *(télécartes)* sind bei der Post oder in Geschäften erhältlich. Handys können in den Standards GSM 900/1800 problemlos benutzt werden.

Zeit

Die Uhren müssen für Mauritius im eu-ropäischen Winter um 4 Stunden vorgestellt werden (MEZ + 4 Std.), für Réunion um 3 Stunden, während der europäischen Sommerzeit von März bis Oktober in beiden Zielen um 2 Stunden.

Zollbestimmungen

Mauritius: Die Einfuhr von Betäubungsmitteln, Rohzucker, Waffen und Munition ist verboten. 200 Zigaretten, 50 Zigarren oder 250 g Tabak, 1 l Spirituosen, 4 l Wein und 0,1 l Parfüm dürfen zollfrei eingeführt werden. Bei Wiedereinreise ins Heimatland sind p.P. über 17 Jahre Geschenke bis zu 430 € bzw. 300 CHF zollfrei.

Réunion: Hier gelten die Zollbestimmungen der EU. Tiere und Pflanzen dürfen nur mit Sondergenehmigung eingeführt werden. Zollfrei erlaubt sind 250 g Tabak, 200 Zigaretten, 2 l Wein und 1 l Spirituosen. Ausgenommen Duty-free-Waren. Eingekaufte Waren bis 880 € dürfen ein- bzw. ausgeführt werden. Bei Wiedereinreise in die Schweiz sind p.P. über 15 Jahre 200 Zigaretten oder 50 Zigarren oder 250 g Tabak, 2 l Wein, 1 l Spirituosen, 500 g Kaffee, 100 g Tee, 50 g Parfüm und Geschenke bis zu 300 CHF zollfrei.

Urlaubskasse	Mauritius / Réunion
Tasse Kaffee	1 €/1,20 €
Softdrink	0,70 €/1,50 €
Glas Bier	1,20 €/2 €
Samoussas/Thunfisch-Sandwich	0,40 €/3 €
Kugel Eis	0,40 €/1,50 €
Taxifahrt ca. 10–12 km	4 €/20 €
Mietwagen/Tag	50 €/50 €

Register

Bildnachweis

Coverfoto Insel Mauritius, Trou aux Biches, Insel Mauritius © Schapowalow/SIME/Arcangelo Piai

Fotos Umschlagrückseite © Fotolia/Myrtille MLB (links); Fotolia/stockcreations (Mitte), laif/Tophoven (rechts)

Alamy/Danita Delimont: 32; Bildagentur Huber/Hans-Peter Huber: 85; Bildagentur Huber/R. Schmid: 76, 126; Comité du Tourisme Reúnion: 19; Reiner Ertl: 5, 15, 27, 117; Fotolia/Andreas Edelmann: 67; Fotolia/Konstantin Kulikow: 43; Fotolia/Fred Liron: 105; Fotolia/Myrtille MLB: 9; Fotolia/Prod Numérik: 122; Fotolia/porschelegend: 125; Fotolia/Jenny Sturm: 11; Malo Guderjahn: 46, 47, 71, 75, 79, 90, 92, 106; Michael Hannwacker: 54, 56, 89, 103, 127, 132, 133, 135, 137; Jahreszeitenverlag/Jörg Lehmann: 1; Volkmar Janicke: 37, 81, 83, 113, 119; Barbara Kastrup: 57, 87, 104; Dorothee Kern: 11; laif/hemis: 107; laif/Heuer: 51; laif/Le Figaro Magazine/Martin: 29, 34; Sabine von Loeffelholz: U2-2, U2-3, 45, 49, 61; LOOK-foto/age fotostock: U2-4, 54, 59; LOOK-foto/Jan Greune: 55, 108; LOOK-foto/Martin Kreutzer: U2-1, 40; LOOK-foto/Kay Maeritz: 64; LOOK-foto/Uli Wiesmeier: 31; Mauritius images/Doug Scott: 97; Harald Mielke: 102; Schapawalow/SIME/Giovanni Simeone: 6; Schapawalow/SIME/Massimo Ripani: 62; shutterstock/hessbeck: 17; shutterstock/infografick: 20; shutterstock/OlegZnamenskiy: 95.

Impressum

Herausgeber: TRAVEL HOUSE MEDIA GmbH, München
Verlagsleitung: Michaela Lienemann
Redaktionsleitung: Grit Müller
Autorin: Anja Bech
Redaktion: Buch und Gestaltung Britta Dieterle und Heide Ilka Weber
Bildredaktion: Ulrich Reißer
Visuelle Neukonzeption und Layout: Gramisci Editorialdesign, München, und Ute Weber, Geretsried
Titeldesign-Konzept: Gramisci Editorialdesign, München, und Ute Weber, Geretsried
Karten und Pläne: Sybille Rachfall
Satz: Tim Schulz, Mainz
Druck: Stürtz Mediendienstleistungen, Würzburg

Dieses Buch wurde auf chlorfrei gebleichtem Papier gedruckt.
ISBN 978-3-8464-0935-0

www.polyglott.de

Liebe Leserin, lieber Leser,

wir freuen uns, dass Sie sich für diesen Polyglott on tour entschieden haben. Unsere Autorinnen und Autoren sind für Sie unterwegs und recherchieren sehr gründlich, damit Sie mit aktuellen und zuverlässigen Informationen auf Reisen gehen können. Dennoch lassen sich Fehler nie ganz ausschließen. Wir bitten Sie um Verständnis, dass der Verlag dafür keine Haftung übernehmen kann.

Ihre Meinung ist uns sehr wichtig. Bitte schreiben Sie uns:
TRAVEL HOUSE MEDIA GmbH, Redaktion Polyglott, Grillparzerstraße 12, 81675 München, redaktion@polyglott.de

Langenscheidt Mini-Dolmetscher Französisch

Allgemeines

Guten Tag.	Bonjour. [bõ~~sch~~**ur**]
Hallo!	Salut! [ßa**lü**]
Wie geht's?	Ça va? [ßa **wa**]
Danke, gut.	Bien, merci. [bjẽ mär**ßi**]
Ich heiße ...	Je m'appelle ... [~~sch~~ö ma**päll**]
Auf Wiedersehen.	Au revoir. [o rö**woar**]
Morgen	matin [ma**tẽ**]
Nachmittag	après-midi [aprämi**di**]
Abend	soir [ßoar]
Nacht	nuit [nüi]
morgen	demain [dö**mẽ**]
heute	aujourd'hui [o~~sch~~ur**düi**]
gestern	hier [jär]
Sprechen Sie Deutsch?	Parlez-vous allemand? [par**le** wu al**mã**]
Wie bitte?	Pardon? [par**dõ**]
Ich verstehe nicht.	Je ne comprends pas. [~~sch~~ö nö kõ**prã** pa]
Sagen Sie es bitte nochmals.	Pourriez-vous répéter, s'il vous plaît? [pur**je** wu repe**te** ßil wu **plä**]
..., bitte.	..., s'il vous plaît. [ßil wu **plä**]
danke	merci [mär**ßi**]
Keine Ursache.	De rien. [dö **rjẽ**]
was / wer / welcher	quoi / qui / quel [koa / ki / käll]
wo / wohin	où [u]
wie / wie viel	comment / combien [ko**mã** / kõ**bjẽ**]
wann / wie lange	quand / combien de temps [kã / kõ**bjẽ** dö **tã**]
warum	pourquoi [pur**koa**]
Wie heißt das?	Comment ça s'appelle? [ko**mã** ßa ßa**päll**]
Wo ist ...?	Où est ...? [u ä]
Können Sie mir helfen?	Pouvez-vous m'aider? [pu**we** wu mä**de**]
ja	oui [ui]
nein	non [nõ]
Entschuldigen Sie.	Excusez-moi. [äksküse **moa**]
Das macht nichts.	Ça ne fait rien. [ßa nö fä **rjẽ**]
Gibt es hier eine Touristeninformation?	Est-ce qu'il y a une information touristique ici? [äskil**ja** ün ẽforma**ßjõ** turis**tik** i**ßi**]
Haben Sie einen Stadtplan?	Avez-vous un plan de la ville? [a**we** wus ẽ plã dö la wil]
geschlossen	fermé [fär**me**]

Shopping

Wo gibt es ...?	Où est-ce qu'il y a ...? [u äskil**ja**]
Wie viel kostet das?	Ça coûte combien? [ßa kut kõ**bjẽ**]
Das ist zu teuer.	C'est trop cher. [ßä tro **schär**]
Das gefällt mir. / Das gefällt mir nicht.	Ça me plaît. / Ça ne me plaît pas. [ßa mö **plä** / ßa nö mö plä **pa**]
Wo gibt es hier eine Bank?	Où est-ce qu'il y a une banque ici? [u äskil**ja** ün bãk i**ßi**]
Ich suche einen Geldautomaten.	Je cherche un guichet automatique. [~~sch~~ö schärsch ẽ gi**schä** otoma**tik**]
Geben Sie mir 100 g Käse.	Donnez-moi cent grammes de fromage. [do**ne moa** ßã gram dö fro**ma~~sch~~**]
Haben Sie deutsche Zeitungen?	Avez-vous des journaux allemands? [a**we** wus de ~~sch~~ur**no** al**mã**]

Essen und Trinken

Die Speisekarte, bitte.	La carte, s'il vous plaît. [la **kart** ßil wu **plä**]
Brot	pain [pẽ]
Kaffee	café [ka**fe**]
Tee	thé [te]
mit Milch / Zucker	au lait / sucre [o lä / **ßü**krə]
Orangensaft	jus d'orange [~~sch~~ü do**rã~~sch~~**]
Suppe	soupe [ßup]
Fisch / Meeresfrüchte	poisson / fruits de mer [poa**ssõ** / früi dö **mär**]
Fleisch / Geflügel	viande / volaille [wjäd / wo**laj**]
Beilage	garniture [garni**tür**]
vegetarische Gerichte	cuisine végétarienne [küi**sin** we~~sch~~etar**jänn**]
Eier	œufs [öh]
Salat	salade [ßa**lad**]
Dessert	dessert [de**ssär**]
Obst	fruits [früi]
Eis	glace [glass]
Wein	vin [wẽ]
Bier	bière [bjär]
Aperitif	apéritif [aperi**tif**]
Wasser	eau [o]
Mineralwasser	eau minérale [o mine**ral**]
Limonade	limonade [limo**nad**]
Ich möchte bezahlen.	L'addition, s'il vous plaît. [ladi**ßjõ** ßil wu **plä**]